Regenerationsmaßnahmen für Sportler

Regenerationsmaßnahmen für Sportler

Erfolgreiche Strategien im Fitness- & Leistungssport

Stefan Schurr

Bibliografische Information der Deutschen Nationalbibliothek:
Die Deutsche Nationalbibliothek verzeichnet diese Publikation
in der Deutschen Nationalbibliografie; detaillierte bibliografische
Daten sind im Internet über www.dnb.de abrufbar.

Aus Gründen der besseren Übersicht erfolgt im Text keine explizite
Differenzierung zwischen der weiblichen und männlichen Form.

Copyright Stefan Schurr – Winterbach 2021

Herstellung und Verlag:

BoD - Books on Demand, Norderstedt

ISBN: 978-3-7534-5734-5

Inhaltsverzeichnis

Vorwort..11

Einleitung -Stress & Regeneration.............................13

    Stressfaktoren -Ermüdung....................................16

        Kardiovaskuläre Prozesse.............................17
        Energiebereitstellung...................................18
        Zentrales Nervensystem...............................18
        Autonomes Nervensystem 18

    Regenerationsmaßnahmen..................................20

Ermüdungsmonitoring..23

    Orthostatischer Herzfrequenz-Test 25

Ernährungsmaßnahmen 33

    Basiskost...33

    Kritische Nährstoffversorgung..............................39

        Eisenversorgung..40
        Vitamin D...42

    Oxidativer Stress – Immunsystem stärken...............43

Ernährung nach der Belastung..46

    Regenerationsshake..51

Schlaf 55

Trainingsmaßnahmen...65

Kompensationstraining..66

Dehnen 69

    Dehnmethoden..69

    Faszien und Dehnübungen..72

Selbstmassage mit der Hartschaumrolle...................................76

    Wirkungsweise..76

    Anwendung..77

    Übungen..79

Passive Regeneration 85

Massage..86

Elektrische Muskelstimulation (EMS)...87

Sauna - Dampfbad...89

Kaltwasseranwendungen - Eisbad..92

Wassergüsse nach Kneipp...94

Basische Anwendungen...97
    Entsäuerung von Innen..100
    Entsäuerung von außen...100
Kompressionsbekleidung.......................................102

Psychische Regeneration 105
Prinzipien der Entspannung.......................................106
Effekte von Entspannungsverfahren.........................107
Naive Entspannungstechniken...................................109
Progressive Muskelentspannung nach Jacobson.......................111
Autogenes Training 114

Anhang...117

Literatur & Internet..119
    Literatur...119
    Internet..124

Über den Autor...127

Vorwort

Training und Regeneration sind untrennbar miteinander verbunden! Sowohl im Fitness- als auch im Leistungssport!

Ist ein Sportler müde, abgeschlagen oder unmotiviert, so wird das Training und damit die weitere Leistungsentwicklung negativ beeinflusst. Hält der Zustand länger an, so resultiert das im schlimmsten Fall in einem Übertrainingszustand. Geeignete Regenerationsstrategien und -tools können dazu beitragen, dass es nicht so weit kommt! Sie unterstützen den Körper in der Erholung und helfen so, Verletzungen zu vermeiden, die Regeneration zu beschleunigen und die Leistung zu steigern. Mit dem entsprechenden Monitoring können die Maßnahmen optimiert und gezielt eingesetzt werden.

Hochleistungssportler sind durch Training und Wettkämpfe enormem Stress ausgesetzt, Freizeitsportler durch Beruf und Familie oft auch an ihren körperlichen Belastungsgrenzen. Für beide Zielgruppen sind Erholungsphasen wichtig! Der Athlet ist frischer, leistungsfähiger und kann höhere Trainingsbelastungen tolerieren. Damit erschließen sich neue Leistungsreserven.

In diesem Buch werden wir zahlreiche effiziente Strategien und Methoden vorstellen, so dass sich jeder sein individuelles Programm zusammenstellen kann.

Es gibt Hintergrundinformationen zu gesundem Schlaf, zur bedarfsangepassten Ernährung und Trainingsmaßnahmen, die die Regeneration unterstützen. Auch viele weitere aktive und passive Maßnahmen -wie z.B. die Faszienmassage, einfache Entspannungstechniken oder Kalt-/Warmwasseranwendung leisten ihren Beitrag und werden thematisiert.

Einleitung -Stress & Regeneration

Um ihre Leistungsfähigkeit zu verbessern trainieren Athleten hart. Sie nehmen täglich enorme Belastungen auf sich, um im Wettkampf ihr maximales Potenzial abrufen zu können. Aber hartes Training allein reicht nicht aus! Um die Leistung zu steigern, muss der Trainingsreiz auch positiv verarbeitet werden. Erst mit der entsprechenden Entlastung verbessert sich die Leistung:

„Der Muskel wächst in der Ruhephase!"

Man spricht in diesem Zusammenhang von der Superkompensation: Nach einem wirksamen Belastungsreiz erfolgt in der anschließenden Erholungsphase eine Anpassung. Der Körper reagiert mit einem Leistungszuwachs.

Regeneration ist die Summe aller Prozesse, die nach einer Belastung im Körper ablaufen und dazu dienen, wieder in den Ausgangszustand, beziehungsweise

auch darüber hinaus, zurückzukehren. Alles was das dazu beiträgt, die Phase der Reizverarbeitung und Anpassung zu verkürzen, ist natürlich hilfreich. Hier können wir Maßnahmen einsetzen, die die Regeneration unterstützen: Sowohl aktive als auch passive. Unter aktiven verstehen wir zum Beispiel das Kompensationstraining oder die Faszienmassage mit der Hartschaumrolle. Passive Regeneration umfasst jene Maßnahmen, bei denen der Athlet nicht selbst aktiv ist. Dazu gehören vor allem ausreichender Schlaf und eine angepasste Ernährung, aber auch Entspannungsverfahren oder Saunagänge.

Was uns im Zusammenhang mit Regeneration natürlich auch interessiert, sind die Faktoren, die diese beeinflussen. Dabei geht es nicht ausschließlich um die Auswirkungen des Trainings. Auch psychische Belastungen stressen den

Sportler und wirken sich mitunter sehr negativ auf Erholungsprozesse aus. Gerade ambitionierte Freizeitsportler sind hier oft besonders anfällig: Zu teilweise enormen Trainingsumfängen kommen noch familiäre, berufliche und weitere Verpflichtungen, die immer die latente Gefahr in sich bergen, dass sich der Sportler überlastet: Aus einer akuten Erschöpfung, wie sie nach intensivem Training immer mal wieder auftritt und auch erwünscht ist, kann sich dann schnell ein chronischer Zustand entwickeln: Besteht ein Missverhältnis zwischen Belastung -sowohl physisch als auch psychisch- und Erholung, und das über einen längeren Zeitraum, so kann dies in letzter Konsequenz in einen Übertrainingszustand führen. In ausgeprägtester Form kommt es zu einem kompletten Burnout! Das bedeutet eine massive Einschränkung der Leistungsfähigkeit. Und es kann Wochen bis Monate andauern! Ruhephasen und die Regeneration unterstützende Maßnahmen können helfen, dass es nicht so weit kommt!

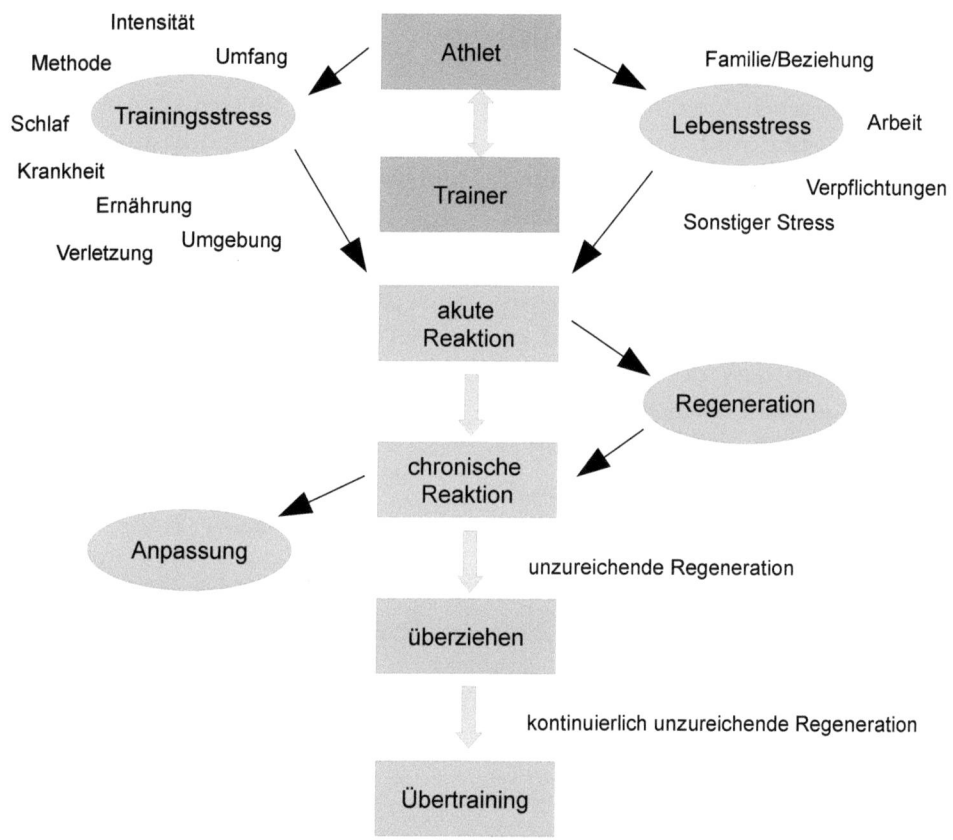

Abb.: Aspekte der Stressbelastung auf den Athleten (nach McGuigan, leicht modifiziert)

Stressfaktoren - Ermüdung

Wir haben gesehen warum Erholungsphasen so wichtig sind. Erst durch die optimale Balance von Be- und Entlastung kann ein Athlet sein Leistungspotenzial voll entwickeln.

Jetzt geht es um die unterschiedlichen Möglichkeiten, um die Regeneration zu unterstützen, so dass der Athlet frisch und erholt in seine nächste Trainingseinheit starten kann.

Regenerationsunterstützende Maßnahmen helfen dem Athleten, dass er generell gesund, motiviert und leistungsfähig ist und bleibt!

Ermüdung resultiert aus unterschiedlichen Faktoren. Sowohl Training als auch der „Lebensstress" haben ihren Einfluss. Wir unterscheiden drei Bereiche:

- physiologischer Stress
- physikalischer Stress
- psycho-sozialer Stress

physiologische Stressoren	physikalische Stressoren	psycho-soziale Stressoren
Training	Strahlung	Zeitdruck
Körperhaltung	Hitze / Kälte	Prüfungsstress
(schlechte) Ernährung	Luftverschmutzung	Beziehungsprobleme
Medikamente	Lärm	Beruflicher Stress
Schlafmangel / -störungen	Höhe	Generelle Überforderung
Alkohol, Nikotin, Drogen, ...		

Tab.: unterschiedliche Arten von Stress

Im Zusammenhang mit Training kennt man Ermüdung in zwei Ausprägungen:

1. **Physische Ermüdung** als Funktionsminderung auf muskulärer und energetischer Ebene.

2. **Psychische Ermüdung** als Minderung der Leistungsfähigkeit aufgrund einer Störung der zentralnervösen (An-)Steuerung.

Normalerweise tritt Ermüdung als Kombination beider Komponenten auf. Da sie die Leistungsfähigkeit stark limitiert, stellt sich die Frage, welche physiologischen, biochemischen und psychologischen Mechanismen dafür verantwortlich sind. In Betracht kommen vor allem:

➡ Kardiovaskuläre Prozesse

➡ Energiebereitstellung

➡ Steuerungsprozesse des zentralen Nervensystems

➡ Störungen im autonomen Nervensystem

Kardiovaskuläre Prozesse

Die Leistungsfähigkeit ist stark von der Sauerstoffversorgung der arbeitenden Muskulatur abhängig. Reicht sie nicht aus, so wird die Leistung massiv beeinträchtigt.

Dass die maximale Sauerstoffaufnahme (VO_{2max}) ein mitentscheidendes Kriterium und den limitierenden Faktor für Ausdauerleistungen darstellt, ist allgemeiner Konsens. Die VO_{2max} ist ein Maß für die Leistungsfähigkeit der sauerstoffaufnehmenden, -transportierenden und -verwertenden Systeme des Organismus.

Für Noakes (2000) ist allerdings nicht die muskuläre Sauerstoffschuld die wesentliche und entscheidende Ursache für Ermüdung. Er sieht dafür eher einen zentralen Steuerungsmechanismus verantwortlich. Der schützt das Herz gewissermaßen vor einer Unterversorgung mit Sauerstoff.

Energiebereitstellung

Die unzureichende Substrat-Bereitstellung in der Energiegewinnung ist ein weiterer Faktor für Ermüdung. Sowohl ein Mangel an ATP in der Muskelzelle, als auch der Energiespeicher, hemmt die Resynthese. Das führt zu einem Leistungsabfall.

Zentrales Nervensystem

Durch Ermüdung werden zentralnervöse Vorgänge herabgesetzt, so dass die Muskelfasern sowohl langsamer, als auch insgesamt weniger Fasern, aktiviert werden. Man geht davon aus, dass durch die zentrale Steuerung unter anderem auch einer totalen Ausschöpfung der Energiereserven vorgebeugt wird.

Autonomes Nervensystem

Bei einem Missverhältnis von Leistungsanforderung und Leistungsvermögen kommt es im autonomen Nervensystem zur Störung von Erregungs- und Hemmungsprozessen.

Sympathikus und Parasympathikus sind Teilsysteme des autonomen Nervensystems. Sie treten gewissermaßen als Gegenspieler auf und beeinflussen je nach Aktivierungsgrad Parameter der Herzfrequenz und -variabilität, der allgemeinen Befindlichkeit, der Schlafqualität und vieler regenerativer Prozesse.

Damit liefert auch das autonome Nervensystem seinen Beitrag zu Ermüdung, Erschöpfung und Übertrainingszuständen!

Bei Ermüdung handelt es sich um einen sehr komplexen Vorgang mit vielen unterschiedlichen Einflussfaktoren. Betrachtet man allerdings Athleten, die einen hohen Erschöpfungsgrad aufweisen, oder sich gar in einem Übertrainingszustand befinden, so stößt man immer wieder auf die selben Ursachen, die für den Zustand des Sportlers verantwortlich sind. Normalerweise ist es dabei nicht ein einzelner Grund, der angeführt werden kann, sondern es treten mehrere der folgenden Umstände auf:

➤ gleichförmiges Training unter monotonen Bedingungen

➤ ausgeprägte Trainingsphasen unter hoher Intensität und/oder großem Umfang

➤ lang andauerndes Training / Wettkämpfe unter hoher psychischer Belastung

➤ Krankheiten / zu schnelle Wiederaufnahme des Trainings nach Infekten

➤ falsche / einseitige Ernährung

➤ soziale Konflikte / Sorgen

➤ Schlafmangel

Die Bewältigung von Ermüdung und Erschöpfung ist eine der zentralen Aufgaben der Trainingsplanung und -steuerung und kann durch zahlreiche Regenerationsmaßnahmen unterstützt werden. Darum geht es im weiteren Verlauf!

Regenerationsmaßnahmen

Es gibt viele Möglichkeiten die Regeneration zu fördern. Neben einer strukturierten Trainingsplanung haben vor allem die Ernährung und ausreichender Schlaf eine herausragende Bedeutung.

Weitere Maßnahmen wirken unterstützend und sollen den Zeitraum zwischen möglichen Trainingsbelastungen minimieren.

Regenerationsmaßnahmen wirken auf verschiedenen Ebenen und haben unterschiedliche Effekte:

- Unterstützung *biochemischer* Prozesse, die zum Beispiel den Stoffwechsel des Organismus verbessern sowie die allgemeine und lokale Durchblutung fördern.

- *Psychoregulative* Steuerung des zentralen und peripheren Nervensystems, inklusive positiver Auswirkungen auf den Tonus von Muskulatur und Gefäßen.

- *Immunologische* Reaktion mit einer Stärkung der Abwehrkräfte des Organismus.

- *Energetische* Optimierung durch Auffüllen der körpereigenen Energiespeicher.

Um Erholungsprozesse zu fördern, können wir ganz unterschiedliche Mittel und Maßnahmen nutzen. Grundsätzlich unterscheiden wir in aktive und passive Maßnahmen. Bei den passiven bekommt der Sportler die Maßnahme verabreicht, bei den aktiven muss er selbst tätig werden. Der Einsatz muss sinnvoll und gezielt in den Trainings- und Wettkampfablauf eingeplant werden. Dabei gibt es Eigenheiten und Prioritäten zu beachten. Eine Strategie kann wie im folgenden Schema aussehen.

Wiederher-stellung	Primäre Zielsetzung	Trainings-maßnahmen	Ernährungs-maßnahmen	weitere Maßnahmen
frühe Phase (Stunden)	Ausgleich Flüssigkeitsdefizit Auffüllung Energiespeicher muskuläre Entspannung Reparaturprozesse	Cool down Faszienmassage (Hartschaumrolle)	Flüssigkeits-/ Elektrolyt-aufnahme Kohlenhydrat-/ Proteinzufuhr	Massage psychische Entspannung Wechselduschen Kneipp-anwendungen
mittlere Phase (1. bis 3.Tag)	Wiederherstellung muskulärer Strukturen Auffüllung Energiespeicher	Kompensations-training Faszienmassage Dehnübungen	Kohlenhydrat-/ proteinreiche Kost Gabe von Aminosäuren, Vitaminen und Mineralstoffen	Massage psychische Entspannung Hydrotherapie Sauna Schlaf!
späte Phase (ab 4.Tag)	Entsprechend mittlerer Phase	Wiederaufnahme „normales" Training	Belastungs-angepasste Basiskost	Entsprechend mittlerer Phase

Tab.: Regenerationsstrategie

Ermüdungsmonitoring

Wie kann man den Grad von Ermüdung und Erholung -also den Regenerationsstatus- messen und bewerten?

Wie kann man ein drohendes -oder bereits bestehendes- Übertraining erkennen?

Regeneration und Ermüdung hängen unmittelbar voneinander ab, so dass sich mit der Erfassung von Ermüdung auch der aktuelle Regenerationszustand eines Sportlers sehr gut abschätzen lässt.

Ermüdungsprozesse laufen auf ganz unterschiedlichen Ebenen des Organismus ab, so dass die Bestimmung eines allgemeinen Erschöpfungs-, beziehungsweise Regenerationsstatus, so schwierig ist. Um ein Übertraining frühzeitig zu erkennen, ist eine ganzheitliche Betrachtung des Athleten unumgänglich!

In den letzten Jahren wurden in zahlreichen Studien verschiedenste Marker und Methoden zur Bestimmung von Ermüdung untersucht. Leider zeigten sich dabei keine eindeutigen und allgemein gültigen Ergebnisse: Sportler reagieren individuell sehr unterschiedlich auf Belastungen. Nach momentanem Kenntnisstand existiert kein einzelner Parameter, über den sich ein allgemeiner Grad der Ermüdung eindeutig ablesen lässt.

Einen deutlichen Hinweis liefert die aktuelle, maximale sportartspezifische Leistungsfähigkeit. Ist sie eingeschränkt, so kann das auf ein Regenerationsdefizit hindeuten. Auch einfache Schnelligkeits-, beziehungsweise (Schnell-) Krafttests in maximaler Intensität, lassen Rückschlüsse zu.

Neben objektiven Messmethoden, sollten immer auch Erfahrungswerte und subjektive Eindrücke, sowie Befindlichkeiten des Sportlers, in die Bewertung mit einfließen. Eine umfassende und standard-isierte Dokumentation von Training und Wettkämpfen hilft: Dabei werden Umfang (Dauer/Strecke) und Intensität (Herzfrequenz, Geschwindigkeit, Leist-ung, Kalorienverbrauch,....) aller Einheiten erfasst. Erhöhte Beanspruch-ungsparameter deuten unter Umständen auf eine unzureichende Erholung hin. Trotz allem sind die Werte aber mit einer gewissen Skepsis zu betrachten.

Ursachen können ebenso auf anderen Gegebenheiten beruhen und auf organ-ische Schäden, Infekte oder andere Krankheiten hindeuten.

Wir werden nachfolgend eine einfache Methode zur Bewertung des Regenerat-ionsstatus vorstellen. Sie kann in den All-tag integriert werden und als Hilfsmittel für die Trainingssteuerung dienen. Es handelt ich um den Orthostatischen Herzfrequenz-Test.

Orthostatischer Herzfrequenz-Test

Den Orthostatischen Herzfrequenz-Test nutzen viele Leistungssportler. Er ist relativ einfach durchzuführen und liefert aussagekräftige Daten über die Verarbeitung von Trainings- und Wettkampfbelastungen. Man benötigt lediglich eine Pulsuhr, die die Bestimmung der Herzfrequenzvariabilität ermöglicht.

Die Herzfrequenzvariabilität ist ein Parameter der Herzfunktion: Das Herz schlägt nicht mit absoluter Regelmäßigkeit. Der zeitliche Abstand zwischen zwei Schlägen ist immer leicht unterschiedlich und lässt Rückschlüsse auf den psychischen und physischen Zustand des Athleten zu.

Durch körperliche Beanspruchung, oder psychische Belastung, kommt es zu einer Erhöhung der Frequenz, bei gleichzeitig verminderter Variabilität. Eine positive Anpassung an Belastungen zeigt sich in einer generell größeren Variabilität. Unter chronischem Stress ist sie wegen der beständig hohen Anspannung eingeschränkt und reduziert.

Die Herzfrequenzvariabilität ist damit eine Kenngröße für die Bewertung physischer und psychischer Belastungen und kann zur Beurteilung des vegetativen Zustands genutzt werden. Sie ist eine Funktion des autonomen Nervensystems. Eine Abnahme nach hohen Belastungen deutet auf Ermüdung und unzureichende Erholung hin. Eine kontinuierliche Zunahme spricht für eine positive Belastungsverarbeitung und einen besseren vegetativen Zustand.

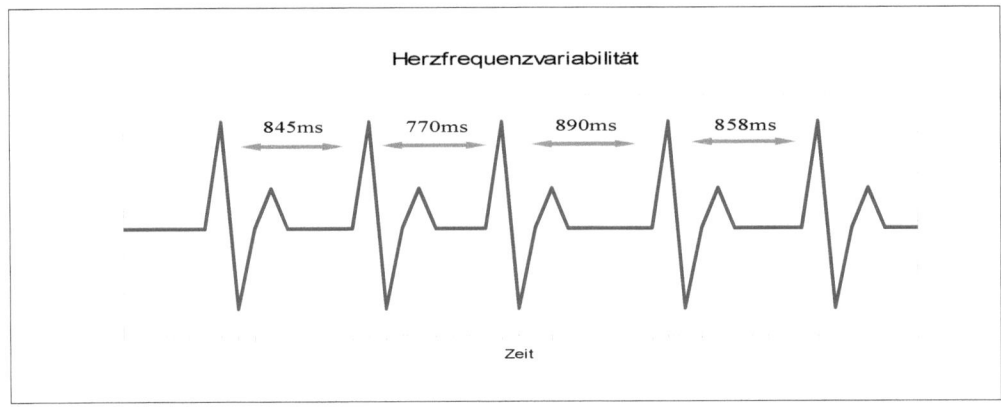

Herzfrequenzvariabilität

845ms   770ms   890ms   858ms

Zeit

Abb.:   Herzfrequenzvariabilität beim Herzschlag

Um den Regenerationsstatus sicher zu bewerten, reicht aber die alleinige Betrachtung der Herzfrequenzvariabilität nicht aus. Für eine genauere Aussage und das Monitoring nutzen wir den Orthostatischen Herzfrequenz-Test. Er berücksichtigt neben der Variabilität auch eine Veränderung der Frequenz, bei einem Lagewechsel von liegender zu stehender Position.

Die Kombination aus Herzfrequenz und -variabilität liefert Hinweise auf eine unzureichende Erholung. Da die Werte individuell sehr unterschiedlich ausfallen, müssen sie immer über einen längeren Zeitraum betrachtet werden. Faktoren, die Einfluss haben, sind unter anderem:

Erhöhte Variabilität durch:

➡ gesunde Ernährung

➡ ausgeglichene Lebensführung

→ regelmäßiger Sport

→ ausreichender Schlaf

→ genügend Regenerationsphasen

Verminderte Variabilität durch:

→ Stress (psychisch & physisch)

→ Alter

→ Alkohol

→ Übertraining

→ Nikotin

→ Koffein

→ Übergewicht

In einem ersten Schritt misst man die morgendlichen Werte von Herzfrequenz und -variabilität. Das Ganze über mehrere Tage, bei weitestgehend lockeren Trainingseinheiten. Damit ermitteln wir die individuelle Baseline. Sie ist im weiteren Verlauf die Referenz für die Bewertung des Regenerationsstatus.

Testdurchführung

Der Orthostatische Tests läuft nach folgendem Schema ab:

→ 3-5 Minuten Messung im liegen

→ langsames aufstehen

→ 3-5 Minuten Messung im stehen

→ Erfasste Parameter: Herzfrequenz, Herzfrequenzvariabilität (RMSSD-Wert)

Ergebnisinterpretation

Aus dem Test werden die Herzfrequenz, sowie der RMSSD-WERT (Root Mean Square of Successive Differences) als Mittelwert für die liegende und stehende Position berechnet.

Der RMSSD-Wert ist die Variabilität der Herzschläge und gilt als Standardmaß für die parasympathische Herzregulation. Das bedeutet, dass sich an seinem

Wert der Einfluss des Parasympathikus ablesen lässt.

Für die Interpretation der Messung ergeben sich prinzipiell unterschiedliche Szenarien.

Baseline

Die Baseline dient als Referenz für einen leistungsfähigen, erholten Athleten: Die Herzfrequenz ist in liegendem Zustand niedrig und steigt während des Aufstehens rasch an. Die anschließende Gegenregulation senkt die Herzfrequenz wieder ab und pegelt diese auf einem stabilen Niveau ein. Der RMSSD-Wert zeigt im Stehen eine etwa drei- bis vierfache Abnahme gegenüber dem Liegendwert.

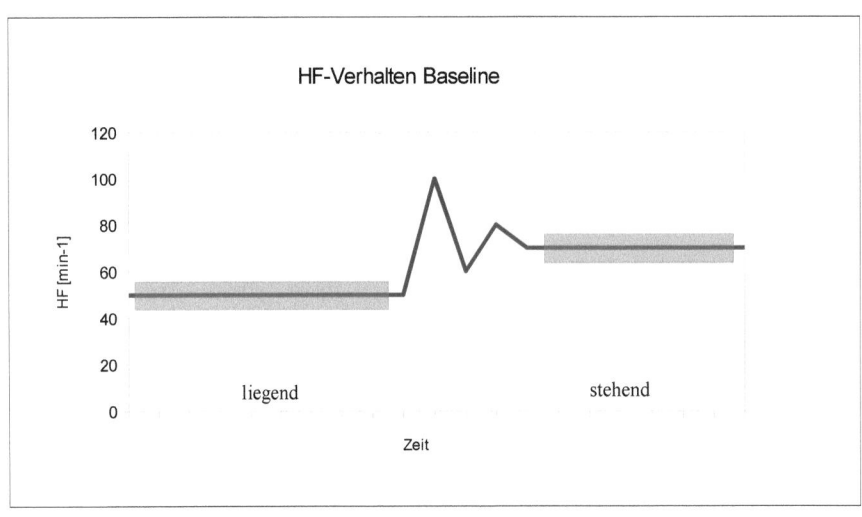

Nach hochintensivem Training

Mehrtägiges, hochintensives Training kann eine starke sympathische Regulation bewirken, so dass im Gegenzug die parasympathische Aktivität verringert ist: Die Herzfrequenz ist sowohl im Liegen als auch im Stehen erhöht. Der RMSSD-Wert sinkt sowohl im Liegen als auch im Stehen.

Nach volumenorientiertem und hochintensivem Training

Die Kombination aus volumenorientiertem und hochintensivem Training bedeutet einen enormen Trainingsstress. Das resultiert in einer größeren Differenz zwischen der Herzfrequenz im Liegen und im Stehen. Der RMSSD-Wert im Stehen ist erniedrigt, im Liegen ändert er sich kaum.

Länger währender hoher Trainingsstress

Bei hohem Trainingsstress, über einen längeren Zeitraum, kommt es sowohl im Liegen als auch im Stehen zu niedrigeren Werten bei der Herzfrequenz. Die Gegenregulation während des Aufstehens bleibt weitestgehend aus. Der Unterschied der Herzfrequenz im Liegen und Stehen fällt sehr gering aus. Die RMSSD-Werte erhöhen sich.

Beim Orthostatischen Test fließt nicht nur die Trainingsbelastung in die Bewertung ein, auch alltägliche Reize wie Schlafmangel, oder psychischer Stress, beeinflussen das Testergebnis. Somit ist eine akkurate Anpassung des Trainings möglich.

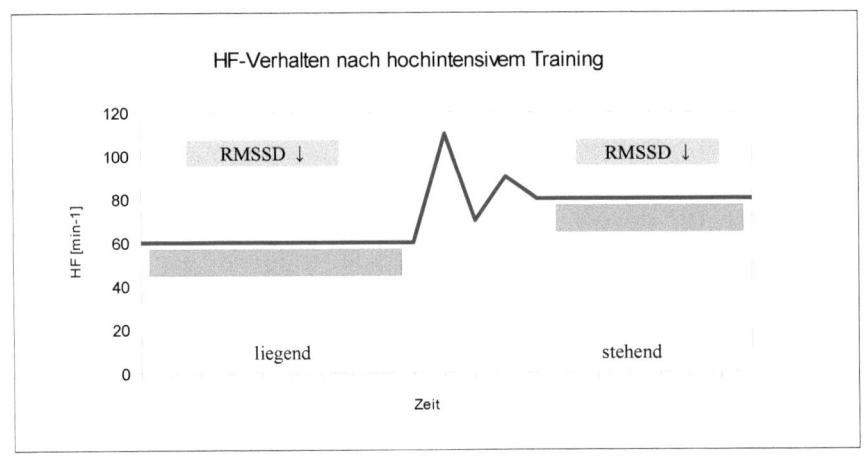

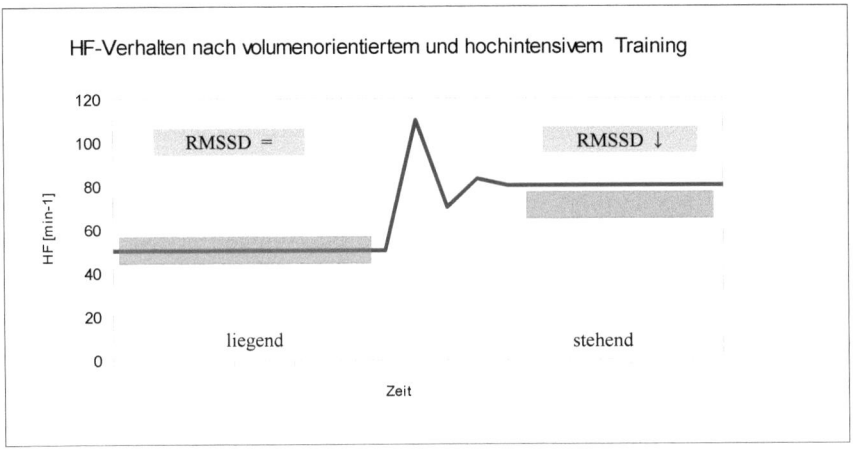

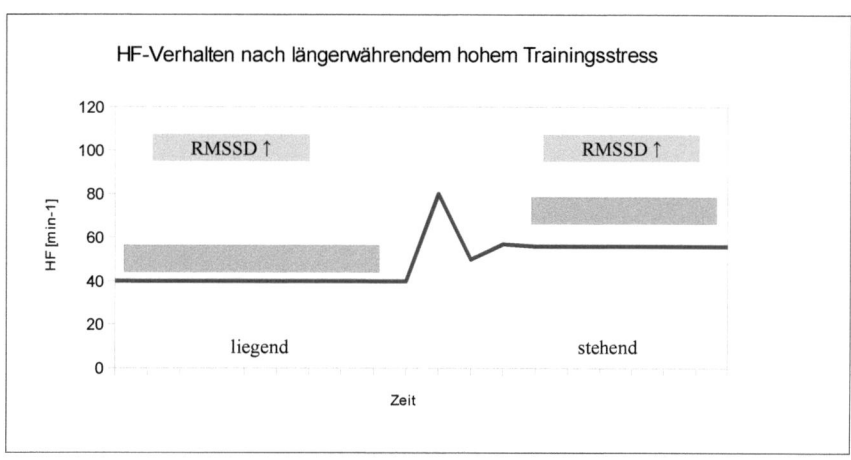

Ernährungsmaßnahmen

Im Rahmen der Regeneration spielt die Ernährung eine ganz zentrale Rolle. Neben der alltäglichen Basiskost geht es auch um die Nahrungs- und Flüssigkeitszufuhr vor, während und nach der Belastung.

Nach einem kurzen Blick auf die Basiskost widmen wir uns vor allem der Ernährung und Flüssigkeitsaufnahme unmittelbar nach der Belastung. Das ist der Zeitpunkt, an dem die Regeneration sehr effektiv unterstützt werden kann.

Basiskost

Unser Körper bedient sich unterschiedlicher Energieträger. Je nach Beanspruchung besteht ein individueller Bedarf, so dass die Ernährung, sowohl quantitativ als auch qualitativ, dem aktuellen Bedarf angepasst sein sollte.

Ende des letzten Jahrhunderts, und auch noch zu Beginn des aktuellen, galt vor allem unter Ausdauersportlern die Maxime der möglichst kohlenhydratbetonten Ernährung. In den letzten Jahren geht der Trend aber auch im Ausdauersport immer mehr in Richtung fett- und eiweißbetonter Kost, mit einem deutlich reduzierten Kohlenhydratanteil.

Warum ist das so?

Schließlich bieten Kohlenhydrate gegenüber Fetten die deutlich ökonomischere Energiebereitstellung. Zur Energiegewinnung benötigt es weniger Sauerstoff und ermöglicht damit deutlich höhere Belastungsintensitäten.

Warum also eine kohlenhydratreduzierte Kost?

Ein Grund ist der, dass Athleten ihren Fettstoffwechsel über die Ernährung optimieren wollen. Immer in Verbindung mit speziellen Trainingsmaßnahmen. Das verspricht den Vorteil, dass der Fettstoffwechsel später im Wettkampf effektiver arbeitet. Die wertvollen Kohlenhydratspeicher werden geschont und stehen bei Belastungsspitzen zur Verfügung! Insgesamt wird eine intensive Belastung länger durchgehalten. Indirekt kommt das dann auch der Regeneration wieder zu Gute: Werden die Speicher bei der Belastung geschont und nicht vollständig entleert, dann können sie später auch wieder schneller gefüllt werden.

Aber nicht nur das: Zahlreiche positive Effekte werden einer kohlenhydratreduzierten Basisernährung zugeschrieben:

- *Verbesserte Einlagerung von Fett* in die intramuskulären Fettspeicher. Sie bieten gegenüber subkutanem Fett den Vorteil der wesentlich schnelleren Verfügbarkeit im Fettstoffwechsel.

- *Glykogeneinsparender Effekt* bei sportlicher Belastung durch verstärkte Nutzung des Fettstoffwechsels.

- *Erhöhung der Sauerstoffaufnahme* durch eine vermehrte Bildung von Mitochondrien.

- *Verminderter Ausstoß von Insulin*, das Hormon hemmt einerseits die Fettverbrennung und ist andererseits auch für die Fetteinlagerung in die subkutanen Fettspeicher verantwortlich. Damit stellt es für Athleten, die auch auf ihr Körpergewicht achten müssen, ein Problem dar. Vor allem bei einem hohen Anteil an einfachen Zuckern in der aufgenommenen Nahrung!

Und wie sieht es bei intensiven Trainingsphasen, oder unmittelbar vor Wettkämpfen aus?

Kann das Konzept unreflektiert übernommen werden.?

Eine berechtigte Frage!

Schließlich sind Kohlenhydrate der Brennstoff, der die schnellere Energiebereitstellung bietet und damit natürlich auch höhere Intensitäten erlaubt. Vor diesem Hintergrund ist es sinnvoll, dass in intensiven Trainingsphasen, und vor allem unmittelbar vor und während Wettkämpfen, der Anteil in der Nahrung erhöht wird. Ausdauersportler nutzen unterschiedliche Strategien um ihre Speicher vor Wettkämpfen maximal zu füllen! Man setzt Kohlenhydrate genau dann ein, wenn sie auch benötigt werden. Also unmittelbar vor, während und nach intensiven Belastungen. Dieser bedarfsangepasste, strategische Wechsel scheint für Sportler viele Vorteile zu bieten.

Ausgehend von einem Kalorienanteil der Kohlenhydrate von etwa 30-40 Prozent in Phasen extensiven Trainings, wird der Anteil je nach Trainingsumfang und -intensität auf 50 Prozent gesteigert, bei Ausdauersportlern in Phasen der unmittelbaren Wettkampfvorbereitung auch darüber. Der Eiweißanteil wird in beiden Phasen etwa konstant gehalten, so dass sich lediglich das Verhältnis von Kohlenhydraten zu Fetten ändert. Je nach Belastungssituation kann dann vermehrt auf den einen oder anderen Energieträger zurückgegriffen werden.

Je nach Sportart, Stoffwechseltyp und individueller Kohlenhydrattoleranz können die Nährstoffrelationen auch etwas abweichen. Ein Ernährungs- und gleichzeitiges Körpergewichts- bzw. -fettprotokoll kann helfen, so dass man daraus ableitet, wie sich unterschiedliche Nährstoffverteilungen auf die Körperzusammensetzung auswirken.

	Kohlenhydrate [%]	Fette [%]	Eiweiß [%]
Extensives Training Basiskost	30-40	40-50	20
Intensives Training Wettkampf	50-60	20-30	20

Tab.: Nährstoffverteilung in der Basisernährung, angepasst an die Belastung

Stoffwechseltypisierung

Um die Ernährung individuell anzupassen, kann man den Stoffwechsel analysieren und eine sogenannte Stoffwechseltypisierung vornehmen.

Grob ergeben sich dabei drei unterschiedliche Körpertypen:

- **ektomorpher Typ:** Hat meist eine hagere Gestalt, kaum Körperfett und tut sich mit dem Aufbau von Muskelsubstanz schwer. Im Alltag erkennt man ihn daran, dass er meist viel essen kann und davon kaum oder gar nicht zunimmt.

- **endomorpher Typ:** Hat meist eine kräftige und massige Gestalt mit höherem Körperfettanteil. Bereits moderate Mengen an Nahrungszufuhr, vor allem an Kohlenhydraten, bewirkt eine Körperfettzunahme.

➤ *mesomorpher Typ:* Hat meist eine sportliche und athletische Erscheinung mit geringem, bis allenfalls, moderatem Körperfettanteil.

In der Realität sind Reinformen der einzelnen Typen eher selten, meist handelt es sich um „Mischformen", so dass auch noch eine weitere Unterscheidung in sogenannte Stoffumsatz- und Stoffansatztypen sinnvoll scheint.

Man kann davon ausgehen, dass endomorphe Stoffansatztypen die geringste Kohlenhydrattoleranz aufweisen, und daher bezüglich der Regulierung des Körperfettanteils von einem geringen Anteil an Kohlenhydraten in der Ernährung profitieren.

Das andere Extrem bilden die ektomorphen Stoffumsatztypen. Sie brauchen sich um Fettansatz am Körper quasi überhaupt keine Gedanken machen und gelten daher als sehr kohlenhydrattolerant. Sie können auch in der Basisernährung einen höheren Kohlenhydratanteil vertragen, ohne dass es dabei zu einem merklichen Körperfettansatz kommt.

Der mesomorphe Typ befindet sich zwischen diesen beiden Extremen.

Eine genaue Betrachtung des Stoffumsatzes kann dabei helfen, seine individuelle Kohlenhydrattoleranz zu bestimmen und die Ernährung danach auszurichten.

Training unter Kohlenhydratmangel

Das Prinzip des sogenannten „Nüchterntrainings" ist unter Ausdauersportlern sehr beliebt: Es zielt darauf ab, dass der Fettstoffwechsel bei einem Training unter reduzierter Verfügbarkeit von Kohlenhydraten optimiert werden soll.

Aber Vorsicht: Training unter Kohlenhydratmangel – sowohl vor, während als auch nach der Belastung- sollte nicht zu häufig eingesetzt werden. Vor allem bei moderaten bis intensiven Trainingseinheiten steigt die Produktion entzündungsauslösender Stoffe in der Muskulatur. Zusätzlich wird unter anderem auch die Eisenresorption beeinträchtigt, was langfristig zu einem Eisenmangel führen kann. Ein weiterer Effekt ist der negative Einfluss auf das Immunsystem! Faktoren, die sich natürlich auf die Regeneration und Gesundheit des Athleten auswirken können!

Die Empfehlung lautet dahingehend, dass das Nüchterntraining intelligent in den Trainingsprozess integriert wird:

- Max 1-2x/Woche.
- Dauer: Laufen: max. 45 min, Radfahren max. 60-90 min ohne KH-Zufuhr, der Blutzuckerspiegel sinkt bis dahin kontinuierlich ab.
- Nach 1 Stunde eine geringe Menge Kohlenhydratzufuhr (20-30g), um den Muskel nicht vollständig zu entleeren, auch der Fettstoffwechsel profitiert von einem geringen Muskelglykogengehalt („Fette verbrennen im Feuer der Kohlenhydrate").

Kritische Nährstoffversorgung

Ein Nährstoffmangel kann die Regeneration negativ beeinflussen!

Bei einer ausgewogenen Ernährung sollte man sich darüber aber normalerweise keine Gedanken machen müssen.

Trotzdem boomt der Markt und Handel mit allerlei Pillen für die zusätzliche, oft hochkonzentrierte, Einnahme von Nahrungsergänzungsmitteln. Teilweise mit dem Ziel, vermeintliche Mangelzustände auszugleichen, teilweise versprechen sie auch enorme Leistungssteigerungen.

Was ist davon zu halten?

Wie sinnvoll sind Nahrungsergänzungen?

Für die meisten muss man wohl festhalten, dass sie ihrem Ruf als Allheilmittel zur Leistungsverbesserung nicht ganz gerecht werden können! Oft halten die versprochenen Wirkungen einer wissenschaftlichen Untersuchung nicht

Stand. Die auftretenden Nebenwirkungen sind nicht zu vernachlässigen und sollten vor der Verwendung mit ins Kalkül gezogen werden. Über langfristige Auswirkungen liegen meist keine gesicherten Erkenntnisse vor.

Viel wichtiger für den sportlichen Erfolg sind regelmäßiges Training und eine vollwertige, abwechslungsreiche Basisernährung, so dass zunächst einmal keine Mangelsituation an Nährstoffen entsteht.

Trotzdem wollen wir in diesem Rahmen zwei mögliche Versorgungsengpässe ansprechen, die die Leistungsfähigkeit mitunter maßgeblich beeinflussen können und eine besondere Bedeutung für den Athleten haben: Eisen und Vitamin D.

Eisenversorgung

Eisen ist ein wichtiges Spurenelement, das wir mit der Nahrung aufnehmen müssen. Eisen ist unter anderem für den Sauerstofftransport, die Atmung und die Energiegewinnung mitverantwortlich. Es befindet sich zu 71 Prozent im roten Blutfarbstoff und ist ein wichtiger Bestandteil des Immunsystems.

Ein Mangel kann für Sportler drastische Folgen haben. Einerseits ist damit eine unzureichende Sauerstoffversorgung der Muskulatur verbunden. Andererseits wird Eisen auch für die Umwandlung von Zucker in Energie benötigt und hat damit eine wichtige Funktion im Energiestoffwechsel. Ein genereller Leistungsabfall und (chronische) Erschöpfung sind Anzeichen eines Eisenmangels. Folgenden Symptome treten auf:

➡ Müdigkeit

➡ Vorzeitige Erschöpfung bei Belastungen

➡ Mangelnde Intensitätsverträglichkeit

➡ Ausbleibende Leistungsentwicklung

➡ Verstärkte Atmung unter Belastung

➡ Infekte der oberen Atemwegen

Das sind durchaus drastische Auswirkungen auf Regeneration, Gesundheit und Leistungsfähigkeit! Sportler, bei denen diese Symptome vermehrt auftreten, sollten zum Arzt gehen und ihren Eisenstatus überprüfen lassen.

Aufgrund der verstärkten Bildung von Hämoglobin und Blut ist der Eisenbedarf bei Sportlern ungefähr doppelt so hoch wie bei Nicht-Sportlern. Gründe, die gerade Sportler zur Risikogruppe machen, sind folgende:

➡ *Vermehrte Bildung von Hämoglobin und Blut*. Das wiederum

ist dem höheren Bedarf an Sauerstoff zuzuschreiben, den Sportler benötigen.

→ Zusätzliche Eisenverluste durch *vermehrte Schweißbildung* beim Sport (etwa 1,2 mg Eisen pro Liter).

→ *Zerstörung empfindlicher Erythrozyten* (rote Blutkörperchen) durch mechanische Einflüsse, z.B. dem ständigen Aufprall der Füße auf dem Boden bei Läufern. So wird Hämoglobin freigegeben, welches dann über Niere und Urin ausgeschieden, oder zur Leber transportiert wird. Zu erkennen ist das durch Blut im Urin.

→ Des Weiteren wird aus *zerstörten Muskelfasern* Myoglobin (roter Muskelfarbstoff) freigegeben, das ebenfalls über den Urin ausgeschieden wird.

Eine zusätzliches Problem tritt bei Frauen auf, da sie Eisen durch den Blutverlust bei der Menstruation verlieren.

Sportler sollten unbedingt auf ihre Ernährung achten, die dem erhöhten Eisenbedarf Rechnung tragen muss.

Es gibt zwei Formen von Eisen: Das Hämeisen, das in tierischen Produkten enthalten ist, sowie das Nicht-Hämeisen, das in pflanzlichen Produkten vorkommt. Hämeisen kann vom Körper wesentlich besser resorbiert werden, so dass aus Fleisch ca. 20%, aus pflanzlichen Quellen nur ca. 5% resorbiert werden. Das bedeutet, dass eine ausgewogene Mischkost lediglich eine durchschnittliche Resorptionsrate von 10 bis 15% bietet. Dieser Wert ist von weiteren Faktoren abhängig, kann aber optimiert werden: Als positiv beeinflussende Faktoren gelten zum Beispiel Fleisch, Fisch und Geflügel in Kombination mit Vitamin C. Ein Glas Orangensaft, das recht viel Vitamin C enthält, kann die Eisenaufnahme beim Essen erhöhen.

Neben Vitamin C wirken sich auch Fructose, sowie bestimmte Aminosäuren positiv auf die Resorption aus. Negativ beeinflussende Faktoren sind vor allem die Oxalsäure, die z.B. in Rhabarber und Spinat enthalten ist, Phytinsäure, die in Getreide, Reis und Soja vorkommt, Alginate in Puddingpulver und Tütensuppen, Tannine in Kaffee und in schwarzem Tee, sowie Antibiotika.

Eisenhaltige Lebensmittel sind vor allem Fisch und Fleischprodukte. Zu den pflanzlichen Lebensmittel mit hohem Eisengehalt gehören Gemüse, Hülsenfrüchte und Vollkornbrot.

Vitamin D

Vitamin D ist ein fettlösliches Vitamin, das in der Haut unter Sonneneinfluss (UVB-Strahlung) gebildet wird. Auch über die Nahrung kann das Vitamin aufgenommen werden, leider nicht in ausreichender Menge, so dass der Aufenthalt in der Sonnen wichtig ist.

Gerade im Winter ist die Versorgung schwierig, da es erstens am Abend früh dunkel wird, und zweitens auch der Winkel der Sonneneinstrahlung in unseren Breitengraden zu flach ausfällt.

Bei einer Blutuntersuchung kann man den Vitamin D Gehalt bestimmen und bei Bedarf entsprechend substituieren. Bereits bei einer Konzentration von unter 70 nmol/l spricht man von einem Mangel, anzustreben ist ein Wert zwischen 75-125 nmol/l.

Vitamin D ist ein ganz entscheidender Faktor im Fettstoffwechsel und beim Muskelaufbau. Mangelzustände führen zu zahlreichen negativen Auswirkungen, die sich auch ganz entscheidend auf die Regeneration, die allgemeine Motivation und generelle Leistungsfähigkeit auswirken. Unter anderem kann es zu neuromuskulären Dysfunktionen, Muskelschmerzen, Energielosigkeit und erhöhter Infektanfälligkeit führen.

Oxidativer Stress – Immunsystem stärken

Ein starkes Immunsystem wirkt sich positiv auf die Erholungsfähigkeit des Organismus aus!

Bei intensiver körperlicher Aktivität bilden sich vermehrt freie Radikale. Tritt ein Missverhältnis von Radikalbildung und –neutralisation auf, spricht man von oxidativem Stress.

Freie Radikale besitzen eine hohe Reaktivität und können damit biologische Strukturen, wie zum Beispiel Zellwände, schädigen. Das wirkt sich negativ auf Regeneration, Leistungsfähigkeit und vor allem die Immunabwehr aus. Langfristig können chronische Erkrankungen entstehen, auch der Alterungsprozess beschleunigt sich.

Organe mit hohem aerobem Stoffwechselumsatz, wie Muskeln, Herz oder Leber, verfügen über anpassungsfähige Schutzeinrichtungen. Über die Ernährung sollte man aber zusätzlich darauf achten, dass genügend Mikronährstoffe enthalten sind, die diesem oxidativen Stress ebenfalls entgegenwirken.

Wie können wir das Immunsystem unterstützen und stärken?

Am einfachsten durch die Aufnahme sogenannter Antioxidantien. Sie sind zum Beispiel auch ein wichtiger Bestandteil der menschlichen Muttermilch, sie wirken im Körper des Babys als Radikalfänger und unterstützen die Infektabwehr. Und was sich für Babys als gut und effektiv erweist, hat sich auch für den stark belasteten Organismus von Sportlern als hilfreich erwiesen.

Nachfolgend eine Liste antioxidativ wirksamer Substanzen, mit ihrem Vorkommen in der Nahrung und Hinweisen zu Aufnahme und Einsatz:

- *Vitamin C (Ascorbinsäure),* kommt vor allem in Zitrusfrüchten vor und wird vielen Lebensmitteln als Schutz zugesetzt.

- *Vitamin E,* ein fettlösliches Vitamin, das hauptsächlich in Nüssen und Sonnenblumenkernen, sowie vielen pflanzlichen Ölen vorkommt.

- *Vitamin A (Retinol),* ebenfalls ein fettlösliches Vitamin. Seine Vorstufe, das Beta-Carotin, ist in zahlreichen Obst- und Gemüsesorten, wie Orangen, Karotten, Spinat, Broccoli,... enthalten und wird dann im Körper zu Vitamin A umgewandelt. Natürliche Retinolquellen sind Fisch, Leberprodukte, Eigelb und Milchprodukte.
Retinol verbessert die Widerstandsfähigkeit gegenüber Infektionen, da Vitamin A Haut und Schleimhäute gesund hält.

Zum anderen erhöhen Retinol und Beta-Carotin die Wirksamkeit und Zahl der weißen Blutkörperchen und erleichtern die Produktion von Antikörpern. Schon ein leichter Mangel erhöht das Risiko an Lungenentzündung oder Durchfall zu erkranken um das Zwei- bis Dreifache.

- *Selen* verbessert vor allem den Zellschutz. Da Deutschland zu den Selen-Mangel-Gebieten gezählt wird, kann eine Substitution in Phasen hoher Trainingsbelastungen sinnvoll sein. Allerdings kann Selen in hohen Dosen auch toxische Wirkung entfalten.

- *Zink* ist im Organismus an zahlreichen enzymatischen Reaktionen beteiligt. Für das Immunsystem hat es seine Bedeutung darin, dass es an Molekülen anbindet und diese damit vor Oxidation schützt. Zink wird im

Körper hauptsächlich in Knochen, Haut und Haaren gespeichert.
Hauptlieferanten sind Fleisch, Nüsse und Getreidekeime, wobei Fleisch wegen der wesentlich besseren Resorption die Hauptquelle darstellt.

➡ *Glutamin,* eine Aminosäure, die mit einem Mengenanteil von 20% den Hauptbestandteil des Pools an freien Aminosäuren im Blutplasma (500-900 μmol/l) darstellt. Untersuchungen haben gezeigt, dass alle sich schnell vermehrenden Zellen, hauptsächlich diejenigen des Immunsystems, auf die Verfügbarkeit von Glutamin angewiesen sind. Glutamin entfaltet zusätzlich eine antikatabole Wirkung, indem es bei körperlicher Anstrengung einem Abbau von Muskelgewebe entgegen wirkt. Außerdem verbessert sich die Regeneration während des Schlafes. Eine Einnahme unmittelbar nach dem Training, sowie kurz vor dem zu Bett gehen, kann unterstützend wirken.

Die Einnahme sehr hoher Dosen isolierter Antioxidantien sollte vermieden werden. Unabhängig davon, ob sie natürlichen oder synthetischen Ursprungs sind. Mehrere Untersuchungen weisen darauf hin, dass z.B. Vitamin E in hoher Konzentration selbst zum freien Radikal werden kann. Eine ausgewogene Ernährung, mit dem gezielten Einsatz von antioxidativ wirksamen Substanzen in Phasen sehr hoher Trainingsbelastungen, scheint die beste Strategie zu sein.

Ernährung nach der Belastung

Die Ernährung unmittelbar nach Training oder Wettkampf, ist eine der wichtigsten Maßnahmen, um die Regeneration schnell einzuleiten!

Direkt nach der Belastung haben wir ein Zeitfenster von etwa 30 bis 60 Minuten, in dem die Resorption der Nahrung besonders schnell und effektiv erfolgt!

Eine schnelle Flüssigkeitszufuhr hat absolute Priorität. Außerdem ist dies der Zeitraum, in dem der Körper Kohlenhydrate besser und schneller aufnehmen und speichern kann, als zu jedem anderen Zeitpunkt. Es geschieht zwei bis drei Mal so schnell als normal. Ähnlich verhält es sich mit der Reparatur geschädigter Muskelzellen durch eine ausreichende Zufuhr von Eiweiß.

Unmittelbar nach der Belastung geht es vor allem um folgende Punkte:

- Flüssigkeitsdefizit ausgleichen
- Glykogenspeicher auffüllen
- Muskelstrukturen reparieren
- Säure-Basen Haushalt ausgleichen

Flüssigkeitsdefizit ausgleichen

Das allerwichtigste nach der Belastung ist der Ausgleich des Flüssigkeitsdefizit!

Ein ausgeglichener Wasserhaushalt ist generell von großer Bedeutung. Über den Schweiß unterstützt er den Körper in seiner Thermoregulation. Außerdem sorgt er im wahrsten Sinne des Wortes für eine flüssige Nährstoffversorgung von Muskulatur und Organen. Sowohl während als auch nach dem Sport.

Je schneller ein Flüssigkeitsdefizit ausgeglichen wird, desto schneller erholt sich der Athlet!

Die generelle tägliche Trinkempfehlung geht dahin, pro Kilogramm Körpergewicht mindestens 30 bis 35 Milliliter zu trinken, an heißen Tagen deutlich mehr!

Nach dem Sport sollte man mehr als nur das ausgeschwitzte Wasser kompensieren, da die verlorene Menge durch nachschwitzen und über den Urin deutlich größer ausfallen kann. Bis zum 1,5 fachen ist angesagt!

Dabei geht es nicht nur um die reine Wasseraufnahme: Über den Schweiß werden auch Elektrolyte ausgeschieden. Das sind vor allem Natrium, Chlorid, Kalium, Kalzium und Magnesium. Während die meisten erst später über die Basiskost wieder kompensiert werden, verdient das Natrium einer besonderen Beachtung!

Natrium bindet Wasser und ist für dessen Aufnahme im Organismus elementar! Wenn wir den Natriumverlust nicht ausgleichen, dann scheidet der Körper das vorher getrunkene Wasser zügig wieder aus! Trinken wir Wasser mit zu niedrigem Salzgehalt, dann kann es im schlimmsten Fall sogar zu einer Verdünnungshyponatriämie kommen: Der Natriumgehalt im Blut ist eigentlich normal, die Flüssigkeitsmenge jedoch zu hoch. Eine Verdünnungshyponatriämie tritt häufig bei Sportlern auf, die mehrere Stunden im Wettkampf unterwegs sind, dabei zu viel Wasser zu sich nehmen, und gleichzeitig eine ausreichende Salzzufuhr vernachlässigen.

Damit kann ein zu viel an Flüssigkeit, beziehungsweise ein zu geringer Salzgehalt, genauso gefährlich sein, wie ein zu wenig: Das überschüssige Wasser führt zu einem ernsthaften Natriummangel. Die Folgen können Verwirrung, Krämpfe, Atemprobleme, Bewusstlosigkeit und sogar der Tod sein. Mit der Flüssigkeit sollte man immer auf eine ausreichende Natriumzufuhr achten. Am einfachsten geht das über Kochsalz: ein Gramm enthält 400 Milligramm Natrium.

Da das Hungergefühl nach intensiven Belastungen zeitlich verzögert eintritt, bietet sich die Verwendung kohlenhydrathaltiger Getränke an. So werden gleichzeitig auch die Energiespeicher wieder gefüllt. Dem optimalen Regenerationsgetränk widmen wir uns später noch einmal. Zunächst geht es um die Füllung der Glykogenspeicher.

Alkohol und Sport

Bei vielen beliebt: das wohlverdiente Gläschen Bier nach Training oder Wettkampf.

Oder vielleicht auch zwei?

Aber wie ist es um die Wirkung des Alkohols, gerade nach einer körperlichen Belastung?

Kann man das Bier auch guten Gewissens genießen?

Die allgemeinen Wirkungen die im Körper ausgelöst werden, lassen sich folgendermaßen zusammenfassen:

- Narkotische Wirkung: Aufmerksamkeit, Seh- und Reaktionsvermögen werden beeinträchtigt
- Herabgesetztes Koordinationsvermögen
- Spannungsminderung und Verhärtung der Muskulatur
- Entwässerung, sowie Spurenelement- und Mineralstoffverluste

➥ Beeinträchtigter Leberstoffwechsel, dadurch schlechtere Entgiftung und herabgesetzte Glykogeneinlagerung

Aus den aufgeführten Wirkungen ist ersichtlich, dass vor allem die beiden Hauptaspekte der Regeneration stark beeinträchtigt werden: Alkoholische Getränke leisten keinen Beitrag zur Wiederherstellung des Flüssigkeitsverlustes und sie behindern die Wiederauffüllung der Glykogenspeicher.

Auch auf das Bierchen am Vorwettkampfabend ist aufgrund der entwässernden Wirkung dringend abzuraten!

Ansonsten spricht natürlich nichts gegen den maßvollen Genuss eines Bierchens oder Gläschen Weins.

Glykogenspeicher auffüllen

Der Körper speichert in Leber und Muskulatur bis zu 500g Kohlenhydrate. Sie werden bei intensiven Belastungen zur Energiegewinnung herangezogen.

Diese Speicher sollten nach der Belastung möglichst schnell wieder aufgefüllt werden. Das Zeitfenster von 30 bis 60 Minuten haben wir bereits angesprochen. Hier erfolgt die Einlagerung besonders schnell und effektiv. Generell liegt die Resyntheserate bei etwa 5 Prozent. In den ersten beiden Stunden unmittelbar nach der Belastung sind es etwa 7-8 Prozent, so dass es insgesamt knapp einen Tag dauert, bis die Speicher wieder vollständig gefüllt sind.

Starte also möglichst schnell nach der Belastung mit der Aufnahme!

Nimm in der ersten halben Stunde mindestens 1,1g Kohlenhydrate pro Kilogramm Körpergewicht zu Dir! Da der Insulinspiegel unmittelbar nach der Belastung weniger stark ansteigt, eignen sich vor allem Nahrungsmittel mit einem hohem Zuckeranteil. Sie werden schneller aufgenommen.

Die Geschwindigkeit der Glykogenresynthese bleibt in den ersten beiden Stunden nach der Belastung deutlich erhöht, so dass die Speicher mit einer kohlenhydratbetonten Ernährung weiter aufgefüllt werden können. Eine feste Mahlzeit mit hohem Kohlenhydratanteil leistet gute Dienste. Danach geht man dann sukzessive wieder zu normaler Basiskost über.

Muskelstrukturen reparieren

Eiweiß ist lebensnotwendig, es dient als Baustoff der Körperzellen, stabilisiert das Immunsystem und unterstützt damit auch die Regeneration. Der Körper kann Eiweiß nicht speichern, daher sollte es in jeder Mahlzeit enthalten sein.

Der Eiweißstoffwechsel kann bei intensiven Belastungen in einer Stunde bis zu 30g Muskeleiweiß zur Energiebereitstellung beisteuern. Um die geschädigte Muskulatur wieder möglichst schnell zu reparieren, sollte nach der Belastung auch genügend Eiweiß aufgenommen werden. Hier vor allem die verzweigtkettigen Aminosäuren Leuzin, Isoleuzin und Valin.

Ein zusätzlicher Effekt ist die effizientere Aufnahme der Kohlenhydrate, so dass wir die Füllung der Glykogenspeicher positiv beeinflussen können. Ein Verhältnis Eiweiß zu Kohlenhydrate von 1:3 bis 1:5 ist optimal.

Säure-Basen-Haushalt ausgleichen

Der Organismus driftet während intensiver Belastungen immer weiter in Richtung eines sauren Milieus. Der Körper scheidet dann auch verstärkt Kalzium und Stickstoff aus. Damit verliert er wertvolle strukturelle Reserven und baut Knochen und Muskulatur ab. Eine Zufuhr von Nahrungsmitteln mit basischer Wirkung hilft dabei, dass der Säure-Basen-Haushalt möglichst schnell wieder ins Gleichgewicht kommt. Vor allem nach den ersten Ernährungsmaßnahmen in den Stunden nach der Belastung.

Empfehlenswerte Lebensmittel sind Obst und Gemüse, hier vor allem Rosinen, Bananen, Kiwi, Spinat, Karotten, Zucchini oder Kartoffeln.

Regenerationsshake

Was sind die Anforderungen an das optimale Regenerationsgetränk?

Wir haben es bereits angesprochen:

Es braucht Kohlenhydrate für das Auffüllen der Energiedepots, Eiweiß für die Reparatur der Muskelstrukturen und verbesserte Kohlenhydrataufnahme, sowie Natrium für die Resorption der Flüssigkeit. Das Ganze möglichst gut verdaulich und schnell resorbierbar. So können wir das Zeitfenster nutzen, das in den ersten 30 bis 60 Minuten nach der Belastung eine besonders effektive Aufnahme der Nährstoffe bietet! Wichtig ist dabei vor allem auch, dass reichlich Flüssigkeit getrunken wird.

Individuelle Rezeptur

Man kann sich einen Regenerationsshake sehr gut selbst zusammen mixen. Als Ausgangsprodukte bieten sich folgende an:

- → Molkenprotein (Whey-Protein) Hydrosylat
- → Maltodextrin19
- → Haushaltszucker
- → Kochsalz

Molkenprotein ist ein hochwertiges Milcheiweiss. Durch Hydrolyse (Aufspaltung) in kleinste Fragmente (Peptide und Aminosäuren) kann das Protein vom Körper schneller aufgenommen werden. Die leichte Verdauung des vollständig hydrolysierten Protein ermöglicht eine schnelle Passage durch den Magen und gute Resorption im Dünndarm.

Maltodextrin 19 ist ein aus Maisstärke gewonnener Zucker (Malzzucker), der aus Glucosemolekülen unterschiedlicher Länge zusammengesetzt ist und eine vergleichsweise geringe osmotische Wirkung auslöst. Es ist gut verträglich und ein schneller Energielieferant.

Haushaltszucker ist ein Zweifachzucker, er besteht aus Fructose und Glucose im Verhältnis 1:1. Beide Zuckerarten liefern schnell Energie und werden dabei über alternative Wege resorbiert. Dadurch kann die Gesamtaufnahme gesteigert werden.

Kochsalz liefert das notwendige Natrium. Es sorgt einerseits für einen Ausgleich der Elektrolytverluste, andererseits für einen osmotischen Ausgleich, so dass mehr Zucker durch die Darmwand diffundieren kann. Ein Gramm Kochsalz liefert 400 mg Natrium.

Damit haben wir die Bestandteile unseres Regenerationsgetränks beisammen. Jetzt müssen wir sie nur noch im richtigen Verhältnis mischen. Die entsprechende Rezeptur lautet:

- → 20g Whey-Protein-Hydrosylat
- → 3g Kochsalz

➡ 1,1g Kohlenhydrate pro Kilogramm Körpergewicht

Bei den Kohlenhydraten gehen wir so vor, dass wir 20g Haushaltszucker mit dem Maltodextrin19 ergänzen.

Das war's schon, unser Regenerationsshake ist fertig.

Will man das Ganze mit etwas Geschmack versehen, dann kann man beim Whey Protein auch auf Quellen mit Geschmack zurückgreifen. Eine weitere Möglichkeit besteht darin, dass man das Ganze als Bananenshake konzipiert und den Anteil an Haushaltszucker vermindert. Die Resorptionsgeschwindigkeit ist zwar nicht ganz so hoch wie beim Haushaltszucker, dafür ergibt sich ein fruchtiger Geschmack. Eine Banane hat etwa einen Kohlenhydratgehalt von 20 – 25 Gramm. Je reifer sie ist, desto höher ist der Anteil an Glucose und Fructose, desto schneller kann sie resorbiert werden.

Schlaf

Ein erholsamer und ausreichender Schlaf hat eine ganz zentrale und herausragende Bedeutung für die physische, psychische und mentale Leistungsfähigkeit. Mit dem Tiefschlaf beginnt in nahezu allen Organen eine Phase der Erholung, der Erneuerung und des Wachstums. Durch die Ausschüttung von Wachstumshormonen und die Bildung neuer Immunzellen repariert sich der Körper selbst. Im Schlaf wird auch das Immunsystem stabilisiert und gestärkt.

Der Parasympathikus wird stimuliert, so dass sich der Muskeltonus verringert und die Muskulatur entspannt. Herzfrequenz und Blutdruck sinken, der Körper kann sich vom Stress des Tages erholen!

Deshalb ist erholsamer Schlaf für die Regeneration so wichtig!

Betrachtet man die Auswirkungen, die sich durch Schlafmangel ergeben, so kann man erahnen, welche Bedeutung sich für die körperliche Leistungsfähigkeit ergeben: Bereits nach 6 bis 17 Stunden Schlafentzug zeigen sich erste visuelle Wahrnehmungsdefizite, Aufmerksamkeitsstörungen, sowie eine Beeinträchtigung der Koordination. Nach etwa 22 bis 24 Stunden Schlafentzug kann die Befindlichkeit durchaus mit einem Menschen mit mittlerem Alkoholgehalt im Blut verglichen werden. Bei Schlafmangel über mehrere Tage/ Wochen addiert sich die Ermüdung im Zentralnervensystem und kann nicht über zusätzlichen Schlaf innerhalb von wenigen Tagen behoben werden. Die Folgen sind drastische Leistungseinbusen und massive Befindlichkeitsstörungen.

Neben der körperlichen Regeneration kommt es also zusätzlich zu einer positiven Wirkung auf das seelische Gleichgewicht und eine generell höheren Leistungsbereitschaft!

Die notwendige Schlafdauer ist individuell recht unterschiedlich, das Schlafbedürfnis in Phasen umfangreicher Trainings- und Wettkampfbelastungen jedoch stark erhöht.

Der Zirkadiane Rhythmus

Sowohl Schlaf als auch Regeneration unterliegen einem zirkadianen Rhythmus. Also einer gewissen Regelmäßigkeit im Tagesverlauf, gemeinhin auch als innere Uhr bezeichnet. Dieser Rhythmus beeinflusst sowohl die Leistung als auch Regenerationsvorgänge. Deshalb ist es voorteilhaft, wenn der Tagesablauf dieser inneren Uhr angepasst wird, zumindest so weit wie möglich und mit den persönlichen, individuellen Umständen vereinbar.

Es gibt Phasen am Tag, an denen wir besonders leistungsfähig sind. Trainingseinheiten zu dieser Zeit werden oft als weniger belastend empfunden, so dass sich das auch positiv auf die Regeneration nach der Belastung auswirken kann!

Bei den meisten Menschen liegt die größte Leistungsfähigkeit am späten Nachmittag, beziehungsweise frühen Abend. Ein deutliches Leistungsloch verspüren die meisten am frühen Nachmittag, daher ist dies auch der optimale Zeitpunkt für einen kurzen Mittagsschlaf. Wenn man sich das leisten kann! Wissenschaftliche Studien konnten nachweisen, dass es der Leistungsfähigkeit zu Gute kommt!

Die innere Uhr jedes einzelnen tickt jedoch individuell recht unterschiedlich, man kennt das auch von den sogenannten Eulen- und Lerchentypen: Die einen kommen morgens nur schwer aus dem Bett und sind abends besonders produktiv, die anderen kommen früh gut aus den Federn und haben Abends mit einer gewissen Lethargie und gesteigertem Schlafbedürfnis zu kämpfen. Den Lebensrhythmus den eigenen Hochs und Tiefs so gut es geht anzupassen, kann der Energie und Motivation zuträglich sein!

Schlafzyklen

Schlaf ist kein linearer Vorgang, er verläuft in sogenannten Schlafzyklen. Diese Zyklen sind durch unterschiedliche Stadien gekennzeichnet und verursachen verschiedene Reaktionen im Körper.

In den ersten beiden Stadien ist der Schlaf nur leicht (Leichtschlaf), die Muskulatur entspannt sich, Herzfrequenz, Körpertemperatur und Blutdruck sinken ab.

Danach folgt die eigentliche Tiefschlafphase, Wachstumshormone werden ausgeschüttet, jetzt läuft die Regeneration auf Hochtouren.

Stadium 4 ist der sogenannte REM (Rapid Eye Movement) Schlaf. In diesen fünf bis 20 Minuten träumen wir. Die Muskulatur ist gelähmt. Das schützt uns, indem verhindert wird, dass wir Bewegungen auch tatsächlich ausführen.

Ein Schlafzyklus dauert etwa 80 bis 100 Minuten, so dass wir in einer Nacht normalerweise vier bis fünf Zyklen durchlaufen. Im Laufe des Nachtschlafs werden die Tiefschlafphasen von Zyklus zu Zyklus kürzer, die REM-Phasen allmählich länger.

Guter Schlaf

Was zeichnet einen guten und erholsamen Schlaf aus?

Von gesundem Schlaf sprechen wir, wenn sich die Schlafzyklen regelmäßig wiederholen, ohne dass man dabei längere Wachphasen durchlebt.

Wie wir bei den Schlafzyklen gesehen haben, werden die für die Regeneration besonders wichtigen Phasen des Tiefschlafs im Lauf der Nacht immer kürzer. Ergo: Die ersten Stunden des Nachtschlafs sind die wichtigsten!

Wie lang sollte der Schlaf ausfallen?

Das ist individuell ganz unterschiedlich, manche kommen mit weniger aus, vor allem in Phasen großer physischer und/ oder psychischer Belastung benötigt man deutlich mehr Schlaf. Normalerweise geht man von sieben bis neun Stunden aus. Bekommt man zu wenig Schlaf, fährt auch der Stoffwechsel herunter, Hunger und Appetit nehmen zu. Beobachte Dein Empfinden, so dass Du ein eventuelles Schlafdefizit ausgleichen und Deine Schlafdauer entsprechend anpassen kannst!

Lärm und Licht können sich störend auf die Schlafqualität auswirken. Sorge möglichst für ein ruhiges, abgedunkeltes Schlafzimmer. Eine Temperatur von 15 bis 20°C ist optimal.

Bei Schlafproblemen greifen viele zu *Medikamenten* oder *Alkohol*. Man bekämpft damit nur die Symptome, behebt aber nicht die Ursachen des Problems! Außerdem kann man davon schnell abhängig werden, der Organismus gewöhnt sich an die „Einschlaf-Unterstützung".

Medikamente sollten nur nach Absprache mit dem Arzt und möglichst nur über begrenzte Zeiträume eingesetzt werden.

Alkohol unterstützt zwar mitunter das Einschlafen, kann aber die Tiefschlafphase massiv beeinträchtigen. Was natürlich nicht gegen ein gelegentliches Gläschen Wein oder Bier am Abend spricht.

Schlaf und Ernährung

Die Ernährung kann sich auf das Einschlafverhalten und die Schlafqualität auswirken. Positiv wie Negativ!

Vermeide üppige Mahlzeiten in den drei Stunden vor dem Schlafengehen! Große und schwer verdauliche Mahlzeiten steigern die Magen-Darm-Aktivität und behindern das Einschlafen!

Den negativen Effekt von Alkohol haben wir bereits angesprochen, ähnlich verhält es sich mit Koffein: Trink also keinen Kaffee oder schwarzen Tee in den Stunden vor dem zu Bett gehen!

Was beim Einschlafen helfen kann, sind tryptophanhaltige Lebensmittel kurz vor dem Schlafengehen. Sie regen die Bildung von Serotonin und Melatonin an. Körpereigene Hormone, die das Einschlafen begünstigen und auch im Schlaf vermehrt gebildet werden. Tryptophanhaltige Lebensmittel sind zum Beispiel Hühnchen, Avocados, Samen, Nüsse oder Eier. Viele schwören bei Schlafproblemen auf ein Glas warme Milch mit einem Schuss Honig. Wie effektiv das wirkt, muss jeder selbst ausprobieren.

Power Nap

Profis trainieren mehrmals am Tag. Um auch in der zweiten Trainingseinheit fit zu sein, nutzen sie oft eine Ruhepause mit einem kleinen Power-Nap über den Mittag.

Nicht jeder kann sich über den Mittag ein kleines Nickerchen erlauben, oft stehen berufliche oder soziale Verpflichtungen im Weg. Aber auch viele ambitionierte Freizeitsportler gehen regelmäßig ins Trainingslager. Hier spielt der Sport dann für eine gewisse Zeit die Hauptrolle im Leben. Die Belastungen sind in solchen Trainingslagern teilweise enorm, ein Mittagsschlaf kann wertvolle Dienste leisten und in den Tagesablauf integriert werden.

Was ist bei einem Power-Nap zu beachten?

Im Prinzip sind zwei unterschiedliche Strategien erfolgversprechend.

Einerseits kann bereits ein kurzer Schlaf von bis zu 30 Minuten erholsam sein und für den weiteren Tagesverlauf erfrischend wirken.

Andererseits ist ein kompletter Schlafzyklus natürlich optimal. Hier durchläuft der Athlet auch die für den Regenerationsprozess so wichtige Tiefschlaf-Phase, in der die wesentlichen Reparaturprozesse im Körper angestoßen werden!

Was weniger günstig ist, ist eine Unterbrechung der Tiefschlafphase. Es kann dazu führen, dass man sich erst einmal erschöpfter fühlt als vor dem Nickerchen. Also besser den Mittagsschlaf auf 30 Minuten begrenzen, oder gleich auf 90 ausdehnen!

Fernsehen, Computerbildschirm & Co

Das vorwiegend blaue Lichtspektrum der modernen LED Bildschirme hemmt die Produktion des Hormons Melatonin. Melatonin ist ein ganz entscheidendes Hormon, wenn es um das Einschlafen und die generelle Schlafqualität geht. Es gibt dem Organismus das Signal zum Einschlafen.

Vor diesem Hintergrund ist es besser in der Stunde vor dem Zubettgehen auf diese Form des Medienkonsums zu verzichten.

Wie wäre es stattdessen mal wieder mit dem Lesen eines Buches?

Schlaftagebuch

Ein Schlaftagebuch kann dabei helfen, dass man die Zusammenhänge von Schlaf-qualität und -quantität, sowie der Befindlichkeit und Leistungsfähigkeit erkennt. Es liefert Hinweise, an welchen Punkten eventuell weiteres Optimierungspotenzial besteht.

Was sollte man in einem Schlaftagebuch erfassen?

Vor allem die folgenden Punkte sind wichtig:

- Zubettgeh- und Aufstehzeiten
- Einschlafzeit
- Wachzeiten in der Nacht
- Schlafeffizienz (Verhältnis Schlafzeit zur im Bett verbrachten Zeit)
- Mittagsschlaf (und seine Auswirkung auf den Nachtschlaf)
- Alkoholkonsum (und Zusammenhang mit Schlafqualität und Leistungs-fähigkeit am Folgetag)
- Gebrauch von Schlafmittel und Medikamenten
- Leistungsfähigkeit / Befinden am Folgetag
- Auffälligkeiten, sonstige Anmerkungen

Tipps zum optimalen Schlaf

- Geh ins Bett wenn Du wirklich müde bist!

- Halte regelmäßige Schlafzeiten ein!

- Sorge für ein angenehmes Schlafklima: wenig Lärm, dunkles Zimmer, angenehme Temperatur (15 – 20°C).

- Verzichte eine Stunde vor dem Einschlafen auf Fernsehen, Computer, Handy,.....

- Keine üppige und/oder schwer verdauliche Mahlzeiten in den drei Stunden vor dem Schlaf!

- Kein Alkohol unmittelbar vor dem Zubettgehen!

- Kein Koffein in den Abendstunden!

Trainingsmaßnahmen

In den Bereich Training und Regeneration fallen Maßnahmen, die eng mit der Trainingsplanung und -methodik zusammenhängen. Oft werden sie unmittelbar im Anschluss an eine Trainingseinheit, oder in geringem zeitlichem Abstand, durchgeführt.

Einen wichtigen Part nimmt das Kompensationstraining ein, das auch im Rahmen der Trainingsplanung berücksichtigt wird. Einerseits führt man es direkt als Abschluss einer Trainingseinheit in Form eines Cool-Down durch, andererseits kann es ebenso als eigenständige Trainingseinheit geplant werden.

Zu den Trainingsmaßnahmen zählen auch Dehnübungen, sowie die Selbstmassage mit der Hartschaumrolle. Beide fördern die Durchblutung und lösen Verspannungen in Muskulatur und Faszien. Für den Athleten bedeutet dies einen angenehmen Wohlfühl-Effekt, die Muskulatur wird geschmeidiger, die Beweglichkeit und Mobilität verbessern sich. Das kommt der Leistung insgesamt zu Gute!

Kompensationstraining

Unter das Kompensationstraining fallen Methoden, die die Regeneration durch aktive aerobe Maßnahmen unterstützen. Sie werden vor allem nach intensiven Trainingseinheiten oder Wettkämpfen eingesetzt. Übungen, die mit einer niedrigen Intensität von 30-50 Prozent der maximalen Sauerstoffaufnahme durchgeführt werden, fördern die Durchblutung der Muskulatur sowie den Laktatabbau.

Das erste Kompensationstraining wird unmittelbar nach der Belastung durchgeführt und nimmt etwa 10 bis 15 Minuten in Anspruch. Auch bekannt als Cool Down, kann es die Erholung mit kompensierenden Belastungen einleiten und unterstützen. Viele kennen die Bilder von Radprofis, die sich nach schweren Bergetappen noch auf der Rolle gemütlich ausfahren. Das hat vor allem folgende Zielsetzungen:

➡ Lockerung der Muskulatur

➡ Abbau des hohen Muskeltonus

➡ Einleitung einer psychischen Entspannung

➡ Einleitung der Wiederherstellungsprozesse der Funktionssysteme des Organismus

Ein Kompensationstraining kann man auch als eigenständige Trainingseinheit durchführen. Am Tag nach einem Wettkampf dient es dazu, den Organismus in seinen Wiederherstellungsprozessen zu unterstützen. Wichtig ist, dass es kurz ausfällt und die Intensität sehr niedrig gehalten wird.

Spezifisch versus unspezifisch

Wir unterscheiden zwischen spezifischem und unspezifischem Kompensationstraining. Spezifisch bedeutet, dass für die Kompensation die gleiche Sportart ausgeübt wird, wie in der vorausgegangenen Belastung. Lockeres Auslaufen nach intensiven Tempoläufen wäre dafür ein Beispiel. Unspezifisch ist in diesem Fall ein lockeres Fahrrad fahren auf einem Ergometer.

Nach Möglichkeit sollte das unspezifische Kompensationstraining dem spezifischen vorgezogen werden. Es kommt zu neuen Bewegungsabläufen. Das beansprucht andere Muskelpartien, wodurch gleichzeitig das Binde- und Stützgewebe entlastet wird. Außerdem vermeiden wir damit eine Fortsetzung der bisherigen psychisch-emotionalen und zentralnervösen Beanspruchung. Generell kann man die Nachteile des spezifischen gegenüber dem unspezifischen Kompensationstrainings folgendermaßen beschreiben:

➡ Weitere Beanspruchung der bereits belasteten Muskulatur und deren Substratspeicher.

➡ Weitere Belastung des bereits geforderten Binde- und Stützgewebes.

➡ Weitere Beanspruchung der bereits belasteten Gelenke

➡ Fortsetzung der psychisch-emotionalen, sowie zentralnervösen Belastung.

Sportarten, die eine stark exzentrische Muskelarbeit mit sich bringen, sind als Kompensationstraining nicht so gut geeignet. Sie bringen für die Muskulatur eine weitere, erhebliche Belastung mit sich. Das trifft vor allem auf Läufer zu. Sie sind mit Sportarten wie Schwimmen oder Radfahren besser beraten. Selbst Eliteläufer nutzen oft Alternativsportarten für ihr Kompensationstraining. Unter anderem auch um das Verletzungsrisiko niedrig zu halten. Die sanften" Sportarten Schwimmen und Radfahren entlasten Knochen, Sehnen und Muskulatur und sind daher die besseren Alternativen. Aber auch hier gilt dann auf jeden

Fall: kurz und langsam. Ein Kompensationstraining sollte auch auf dem Fahrrad nie länger als maximal 60 Minuten dauern, beim Schwimmen reichen 30 Minuten vollkommen aus.

Kompensationstraining im Wasser

Ein Kompensationstraining im Wasser ist geradezu optimal!

Lockeres Schwimmen -sofern man die Technik beherrscht- oder Aquajogging bieten exzellente Voraussetzungen für ein regeneratives Training. Die Gründe sind vielfältig:

➡ Der hydrostatische Wasserdruck begünstigt den Abtransport von Stoffwechselendprodukten aus Venen, Lymphgefäßen und Muskulatur.

➡ Das Herz-Kreislaufsystem wird im Wasser entlastet, der venöse Rückstrom zum Herzen durch den Wasserdruck erleichtert.

➡ Es handelt sich um ein No-Impact Training, dadurch werden Muskulatur, Gelenke und Bänder entlastet.

Gerade das Aqua-Joggen bietet viele Vorteile für ein erholsames Training. Auch bei Verletzungen wird es gerne genutzt, um Strukturen im Muskel-, Band- und Sehnenapparat zu entlasten und trotzdem das Herz-Kreislauf-System zu trainieren.

Dehnen

Um die Effektivität und den sinnvollen Einsatz von Dehnübungen hat sich im Laufe der letzten Jahre eine recht kontroverse Diskussion entfaltet. Neben seiner Bedeutung für die Verbesserung und Erhaltung von Mobilität und Beweglichkeit, ist auch die Frage nach einer möglichen Unterstützung der Regeneration ein weiterer Gesichtspunkt dieser Debatte.

Dehnmethoden

Wir können Dehnmethoden in zwei unterschiedliche Kategorien einteilen: Das dynamische und das statische Dehnen.

Eine weitere Klassifizierung erfolgt dann nach der Art der Durchführung, so dass sich letztendlich eine größere Anzahl an Methoden ergibt.

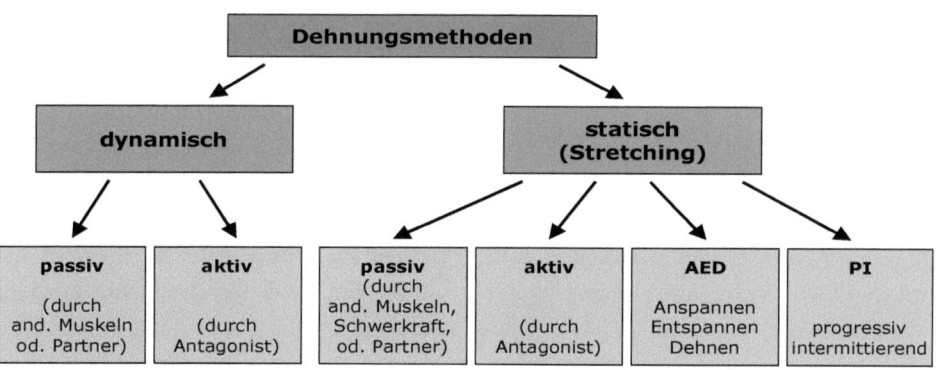

Abb.: Dehnmethoden

Was verbirgt sich hinter den unterschiedlichen Methoden?

Welche Vor-, beziehungsweise auch Nachteile sind mit den jeweiligen Techniken verbunden?

Dynamisches Dehnen

Das dynamische Dehnen eines Muskels erfolgt durch mehrmalige, rhythmische Kontraktion seines Antagonisten, durch die Unterstützung eines Trainingspartners oder sonstiger Hilfsmittel. Der Athlet gelangt durch eine leicht federnde oder wippende Bewegung allmählich in die volle Bewegungsamplitude.

Die Bewegung wird langsam und kontrolliert ausgeführt. Es soll mit einem Gefühl verbunden sein, sich quasi langsam in den Muskel hineinzutasten und somit den Dehnwiderstand immer weiter zu verschieben.

Ruckartige und zerrende Bewegungen sind unter allen Umständen zu vermeiden. Sie lösen einen Muskeldehnreflex aus und bergen Verletzungsgefahren in sich!

Statisches Dehnen

Statisches Dehnen ist unter der Bezeichnung *Stretching* bestens bekannt. Der Muskel wird langsam und kontrolliert in die Dehnposition gebracht und dort gehalten.

Die Bewegung kann durch die langsame Übungsausführung sehr gut kontrolliert und damit auch sehr präzise ausgeführt werden. Das erleichtert das Erlernen neuer Bewegungen.

Über die optimale Dehndauer und Anzahl der Wiederholungen gibt es unterschiedliche Meinungen. Ein Zeitrahmen von 20 bis 40 Sekunden hat sich als praktikabel und effektiv gezeigt. Das Ganze bei zwei bis drei Übungswiederholungen.

Die Durchführung des Stretching erfolgt nach folgendem Muster:

➡ den zu dehnenden Muskel langsam und kontrolliert in die Dehnstellung bringen

➡ bei leichtem Spannungsgefühl die Dehnposition halten

➡ die Position kontrolliert verstärken, ohne dabei die Spannung aufzulösen

➡ die neue Endstellung bis zum Nachlassen der Dehnspannung innehalten

Anspannungs – Entspannungs – Dehnen (AED)

Anspannungs-Entspannungs-Dehnen ist auch als postisometrisches Dehnen oder Contract-Hold-Relax-Stretching (CHRS) bekannt.

Der Muskel wird vor der Dehnung zunächst einmal kräftig angespannt. So kommt es anschließend zu einer reflektorischen Entspannung. Diese verminderte Spannung nutzt man dann für eine Intensivierung der Dehnung.

Im Anschluss an eine maximale Kontraktion ist eine Muskelentspannung stärker ausgeprägt als nach einer submaximalen, so dass dies bessere Erfolge verspricht.

Der Ablauf des AED gestaltet sich nach folgendem Muster:

➡ den zu dehnenden Muskel langsam und kontrolliert in die Dehnstellung bringen

➡ bei leichtem Spannungsgefühl die Position halten (10-20s)

➡ den zu dehnenden Muskel möglichst maximal anspannen (6-10s)

➡ den Muskel entspannen (2-3s)

➡ den entspannten Muskel nach der statischen Dehnmethode (Stretching) nachdehnen (20-30s)

Faszien und Dehnübungen

Faszien sind die Weichteil-Komponenten des Bindegewebes. Sie durchdringen als umhüllendes und verbindendes Spannungsnetzwerk den gesamten Körper mit seinem Bewegungsapparat und allen Organen. Jeder Muskel, jedes Muskelfaserbündel und jede Muskelzelle ist von Bindegewebe umhüllt. Bindegewebe hat im Körper weder Anfang noch Ende und ist als ein Geflecht von sich überlagernden, nahtlos ineinander übergehenden, derben Häuten zu verstehen. Auch Sehnen und Bänder bestehen aus Bindegewebe.

Ähnlich der Muskulatur, lässt sich auch Fasziengewebe sehr gut trainieren. Es reagiert auf Belastungen und passt sich entsprechend an. Regelmäßiges Training macht Faszien sowohl stärker und belastbarer, als auch elastischer. Dadurch erhöht sich die generelle Leistungsfähigkeit. Außerdem lässt die Anfälligkeit für Verletzungen deutlich nach.

Dadurch, dass Faszien den gesamten Körper mit seinem Bewegungsapparat umhüllen, haben sie entscheidenden Einfluss auf die Beweglichkeit.

Faszien sind um die Muskulatur unterschiedlich strukturiert und verlaufen sowohl längs als auch quer und seriell zur Muskelrichtung.

Klassische Dehnübungen werden meist isoliert für einzelne Muskeln und lediglich in eine bestimmte Richtung durchgeführt. So erfassen sie auch nur einen kleinen Teil der Faszien. Will man einen möglichst großen Anteil der Strukturen erreichen, so sollte man möglichst lange fasziale Ketten mit einbeziehen und diese in unterschiedliche Richtungen dehnen. Bei den Dehnmethoden kann man sowohl auf das Stretching als auch das dynamische Dehnen zurückgreifen.

In der Praxis sieht das Fasziendehnen dann so aus, dass die Übung aus der Ausgangsposition in die jeweilige Dehnstellung geführt wird. Nach kurzem Verharren in der Endposition, das je nach

Zielstellung statisch oder auch leicht dynamisch wippend ausfallen kann, geht man in die Ausgangsposition zurück. In leicht verändertem Bewegungswinkel geht man erneut in die Dehnstellung hinein. Durch mehrmalige leichte Variation der Bewegungsrichtung kann man einen großen Teil der myofaszialen Strukturen ansprechen und trainieren.

Abb.: Dehnung in unterschiedlichen Bewegungswinkeln

Sinnvoller Einsatz der Dehntechniken

Freiwald (Freiwald, 2009) konnte in Untersuchungen nachweisen, dass es durch Dehnübungen, im Vergleich zu einem Auslaufen, unmittelbar nach isometrischen Kraftbelastungen zu einer deutlich verringerten muskulären Entspannung kommt. Durch die Kompression der Kapillaren wird gerade beim statische Dehnen die Durchblutung innerhalb der Muskulatur verringert, so dass sich die Sauerstoffversorgung und der Abtransport von Stoffwechselendprodukten verschlechtert. Aus diesem Grund sollte unmittelbar nach Trainingsende auf statische Dehnungen verzichtet werden.

Bessere Ergebnisse versprechen Lockerungen und eventuell ein paar leichte dynamische Dehnungen, als Ergänzung zu einem auslaufen, -radeln oder -schwimmen. Nach dem Training haben intensive Dehnprogramme auf jeden Fall einen zusätzlich belastenden Einfluss auf die Muskulatur und keinesfalls den oft erhofften regenerationsfördernden Effekt. Durch die mechanische Belastung der Muskulatur können Mikrotraumata verstärkt werden! Das kann die anschließende Regeneration zusätzlich negativ beeinträchtigen!

Ein (leichtes) Dehnprogramm kann man dann nach Abklingen der Übersäuerung und einer ersten muskulären Erholung durchführen. Der zeitliche Abstand zum Training oder Wettkampf sollte dabei aber mindesten ein bis zwei Stunden betragen.

Sportler berichten nach dem Dehnen auch über ein angenehmes Empfinden und beschreiben einen positiven Effekt auf die Psyche. Somit können wir das Dehnen gewissermaßen auch zu den psychischen Regenerationsmaßnahmen zählen. Eine Kombination mit anderen Entspannungstechniken, wie beispielsweise dem Yoga, kann die Effekte zusätzlich verstärken.

Im Rahmen der Regeneration sind dynamische Dehnprogramme von Vorteil, da hier der beschriebene Kompressionseffekt auf die Kapillaren weitestgehend vermieden wird. Dafür wartet es mit einem weiteren Vorteil auf: Die wechselnde Kompession-Dekompression führt zu einem „Pumpeffekt", der den Abtransport von Stoffwechselendprodukten begünstigt. Die Intensität sollte aber auf jeden Fall relativ gering sein!

Auf ein (lockeres) Stretching greift man dann zurück, sofern es um Entspannung und psychische Regeneration geht: Freiwald (Freiwald 2009) empfiehlt die Methode des statischen Dehnens mit einer Dauer von 15-60 Sekunden. Die Reizintensität ist gering (keine schmerzhaften Dehnungen!). Zwei bis drei Übungswiederholungen sind optimal.

Selbstmassage mit der Hartschaumrolle

Die Selbstmassage mit der Hartschaumrolle regt den Stoffwechsels an und bewirkt eine verbesserte Flüssigkeits- und Nährstoffversorgung der Faszien und dazugehörigen Organe. Sie unterstützt die muskuläre Regeneration, indem es die Blutzirkulation durch mechanischen Druck anregt. Verspannungen und Bindegewebsverklebungen bauen sich ab. Die entstehen einerseits durch die muskuläre Belastung im Training, können andererseits aber auch durch Überlastungen oder Fehl- und Schonhaltungen verstärkt werden.

Wir setzen die Hartschaumrolle als einfaches und kostengünstiges Hilfsmittel für die Selbstmassage ein.

Wirkungsweise

Die regenerative Wirkung der Massage begründet sich auf der myofaszialen Entspannung. Muskeln und Faszien werden durch die Behandlung gegeneinander verschiebbar gehalten. Sehnenareale werden stimuliert, so dass die Muskulatur mit Entspannung reagiert. Die Massage regt die Durchblutung an, so dass Stoffwechselendprodukte abtransportiert werden.

Faszien reagieren sowohl auf physischen als auch auf psychischen Stress, durch die Behandlung mit der Hartschaumrolle wird die Entspannung begünstigt. Bereits mit geringem Aufwand können wir die Elastizität und Geschmeidigkeit der Muskulatur verbessern und die Regeneration unterstützen.

Die Massage kann, abhängig vom Grad der Verspannungen, zu Beginn sehr schmerzhaft sein. Die meisten Schmerzsymptome kommen aus dem Fasziengewebe. Hier sitzt ein Großteil der Schmerzrezeptoren. Durch die mechanische Behandlung lösen sich bereits innerhalb kürzester Zeit Verspannungen und Verklebungen im Gewebe, das Schmerzempfinden lässt deutlich nach. Das Ausrollen der Muskelfaszien verbessert Beweglichkeit und Flexibilität des Bindegewebes, durch die Entspannung stellt sich ein ausgeprägter „Wohlfühl-Effekt" ein.

Punkte, die für die Selbstmassage mit der Rolle sprechen:

➡ Vorbeugung und Behandlung von Myofaszien- und Muskelbeschwerden

➡ Aktive Regeneration mit verbesserter Durchblutung

➡ Triggerzonenbehandlung bei Verspannungen durch Sport- und Alltagsbelastungen

➡ Einfache Selbstmassage

➡ Ideales Aufwärmen vor und Regeneration nach dem Sport

Anwendung

Hartschaumrollen sind zylinderförmige, hartgepresste Schaumstoffrollen, die es in unterschiedlichen Härten zu kaufen gibt. Alternativ und ergänzend können auch Bälle eingesetzt werden. Es gibt sie ebenfalls in unterschiedlicher Härte und Konsistenz.

Der Athlet rollt nacheinander seine Muskelpartien über die Rolle. Die Bewegung ist langsam, geschmeidig und kontrolliert. Durch leichte Gewichtsverlagerung wird eine große Muskelfläche erfasst und der Druck kann fein reguliert werden. An verspannten und schmerzhaften Stellen wird der Druck auf die Verhärtungen dann punktuell verstärkt. Die Stellen werden mit kleinen rhythmischen Bewegungen für einige Sekunden behandelt. Das Ganze so lange, bis das Schmerzempfinden deutlich nachlässt. Anschließend kann der betroffene Bereich noch einmal mit größerem Bewegungsumfang langsam ausgerollt werden. Durch Abstützen mit den Armen oder des nicht aktiven Beines wird der Druck auf die Rolle dosiert.

Nach etwa fünf bis zehn Ausrollungen lösen sich die Verhärtungen und das Schmerzempfinden lässt langsam nach. So lässt sich innerhalb von zehn bis fünfzehn Minuten der kompletten Körper durcharbeiten.

Die Massage kann zur Muskelentspannung nach dem Sport, an einem Ruhetag, aber auch sehr gut als Ergänzung zum Aufwärmen eingesetzt werden.

Übungen

Wadenmuskulatur

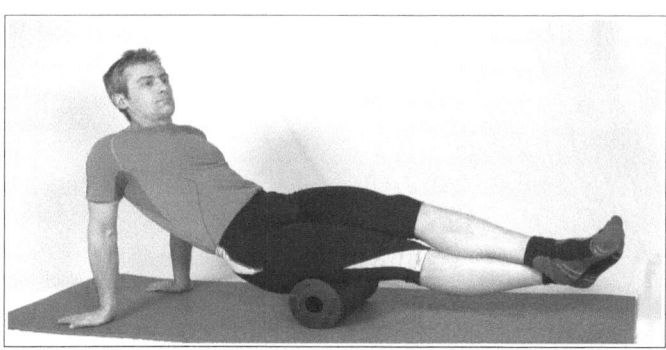

hinteren Oberschenkelmuskulatur

Illiotibialband (Bindegewebeband, von Hüfte seitlich bis zum Schienbein)

vordere Oberschenkelmuskulatur

Massage der Adduktoren

Massage der Gesäßmuskulatur

Massage der Rückenmuskulatur

Massage der oberen Rückenmuskulatur

Passive Regeneration

Die wichtigste und wirkungsvollste passive Regenerationsmaßnahme haben wir bereits kennengelernt: Den erholsamen Schlaf. Seine Bedeutung kann nicht stark genug herausgehoben werden!

Aber wir haben weitere Möglichkeiten, die Regeneration mit passiven Maßnahmen zu unterstützen. Jeder kann sich die heraussuchen, die für ihn am praktikabelsten sind, und die er zusätzlich in seinen Tagesablauf integrieren kann und will.

Passive Maßnahmen sind die Bausteine, die noch die letzte extra Portion zur Regeneration beisteuern können. Für Profis oft entscheidend, für ambitionierte Amateure können sie vor allem in Phasen verstärkter Trainingsbelastung, wie zum Beispiel im Trainingslager, unterstützen.

In diesem Kapitel geben wir einen Überblick über physiotherapeutische Maßnahmen, Wärme- und Kälteanwendungen (im Wasser), sowie die elektrische Muskelstimulation.

Massage

Massagen sind Anwendungen, die den kompletten Organismus in seiner Funktion positiv beeinflussen. Im Rahmen der Regeneration zählen dazu in erster Linie eine Entspannung der Muskulatur, eine Verbesserung der Durchblutung, sowie die Anregung des Stoffwechsels. Neben ihrem medizinischen Nutzen bieten Massagen einen ausgesprochen stressreduzierenden Effekt, was sich auch äußerst positiv auf die Psyche auswirkt. Massagen schaffen im Alltag kurze Entspannungsphasen, die neue Kräfte verleihen!

Regelmäßig durchgeführt, wirken sich Massagen sehr positiv auf das Leistungsvermögen aus. Die Wirkungen wurden in verschiedenen klinischen Tests und Studien nachgewiesen:

➡ Lockerung der verspannten Muskulatur

➡ Aktivierung von Sehnen, Bändern und Gelenken

➡ Verbesserte Blutzirkulation im Bindegewebe

➡ Abbau psychischer Spannungszustände

Es gibt unterschiedliche Anwendungen. Für Sportler setzt man vor allem die Entmüdungs- und die Vorwettkampfmassage ein.

Die Entmüdungsmassage nach Training/ Wettkampf bewirkt eine Durchblutungssteigerung in der Muskulatur und dient einem Abbau von Stoffwechselendprodukten. Zum Einsatz kommen überwiegend langsame, intensive Streichungen und Knetungen, sowie entspannende, schüttelnde Techniken.

Elektrische Muskelstimulation (EMS)

Früher gab's die Behandlung mit elektrischen Impulsen vor allem beim Physiotherapeuten: Zwischen zwei Elektroden fließen Stromimpulse. Je nach Stärke und Frequenzmodulation erzielt man damit unterschiedliche Effekte.

In der Zwischenzeit sind auch zahlreiche sogenannte Muskelstimulationsgeräte für die Eigenbehandlung auf dem Markt.

Das Funktionsprinzip der Elektrostimulation ist einfach und ahmt den Prozess einer willentlichen Muskelanspannung nach. Wenn ein Muskel zu einer Kontraktion angeregt werden soll, so überträgt das Gehirn diese Information in Form eines elektrischen Signals über Nervenfasern an den betreffenden Muskel. Der selbe Effekt kann durch gezielte elektrische Stromimpulse hervorgerufen werden: Der Muskel erkennt keinen Unterschied zwischen einem willentlichen, vom Gehirn ausgelösten Impuls und einer elektrisch induzierten Kontraktion: Die erzeugte Arbeit ist identisch. Für Sportler bieten sich somit einige ausgewählte Einsatzfelder der elektrischen Muskelstimulation an:

➡ Zum gezielten *Muskeltraining*, wobei die Effektivität, vor allem bei gut trainierten Sportlern, sehr umstritten ist.
Die Elektrostimulation ermöglicht aber auf jeden Fall eine intensive Arbeit an ausgewählten Muskelgruppen. Diese Arbeit kann sich je nach gewähltem Programm an der Entwicklung spezieller Qualitäten orientieren: beispielsweise Ausdauer, Kraft oder Widerstand.

- Zur Beschleunigung der *Regeneration* nach intensiven Trainingsbelastungen, und um der Entstehung von Muskelkater entgegenzuwirken.

- Zur *Schmerzlinderung*, beispielsweise bei Sehnenproblemen oder Muskelverhärtungen.

Vor allem die letzten beiden Punkte machen den Einsatz von EMS im Rahmen der Regeneration interessant. Die Wirkungen lassen sich durchaus mit denen eines Kompensationstrainings vergleichen:

- Erhöhte Durchblutung und somit verbesserter Abbaus von Milchsäure und anderen Stoffwechselendprodukten.

- Vermehrte Produktion von Endorphinen und damit Linderung von Muskelschmerzen.

- Reduzierung der Muskelverspannungen, somit entspannend und krampflösend.

Aus den beschriebenen Effekten lässt sich erkennen, dass man die elektrische Muskelstimulation sehr gut als Hilfsmittel und Ergänzung zu anderen Maßnahmen nach intensiven Trainingsbelastungen anwenden kann.

Sauna - Dampfbad

Wärmeanwendungen, wie Sauna oder Dampfbad, haben einen durchblutungs-steigernden Effekt. Sie helfen, Verspann-ungen zu lösen und Stoffwechselend-produkte aus der Muskulatur abzutrans-portieren. Die thermoregulierende Funktion des Organismus wird stim-uliert und das Herz-Kreislauf- sowie das Atmungssystem werden aktiviert. All dies unterstützt die Wiederherstellungs-prozesse des Körpers.

Während des Saunagangs weiten sich die Gefäße und der Puls erhöht sich. Die Körpertemperatur steigt um etwa ein Grad, an der Hautoberfläche sind es fast zehn. Die Poren öffnen sich, und die bessere Durchblutung führt zu einem verstärkten Abtransport von Stoffwechs-elendprodukten. Muskelverhärtungen lösen sich, im Blut steigt die Zahl Bakterien und Viren eliminierender Zellen. Saunagänger sind seltener krank, da sie eine bessere Immunabwehr haben.

Ist ein Infekt doch mal da, so wird er wesentlich schneller auskuriert.

Durch kalte Anwendungen unmittelbar nach dem Saunagang entfaltet sich die volle Wirkung erst so richtig. Das Abdampfen an der frischen Luft kühlt die Lungen und erhöht den Sauer-stoffgehalt des Bluts, anschließende kalte Güsse, Schwallduschen und kalte Bäder sorgen dafür, dass sich zusammenzieht, was sich in der Hitze geweitet hat. Der Kreislauf wird stabilisiert und die Herz-frequenz senkt sich. Während der Organismus auf Hochtouren arbeitet, bekommt auch die Psyche ihren Kick: Im Gehirn werden vermehrt Glückshormone (Endorphine) ausgeschüttet und der Saunagänger fühlt sich pudelwohl. Die spürbare Erholung für Körper und Geist liegt auch an den Ruhepausen zwischen den Saunagängen.

Nachfolgend ein kleiner Überblick, was beim Saunabaden zu beachten ist:

→ Unmittelbar nach dem Sport ist die Sauna mit Vorsicht zu genießen. Es muss unbedingt darauf geachtet werden, dass sich die **Herzfrequenz** auf normalem Niveau eingeregelt hat. Außerdem ist es ratsam, nach dem Sport zunächst eine Kleinigkeit zu essen (Riegel, Banane o.ä.), damit der Magen nicht völlig leer ist. Selbes gilt für die Flüssigkeitszufuhr. Achte unbedingt auf eine ausreichende Zufuhr vor dem Saunagang!

→ Nimm zwischen den Saunagängen möglichst keine Flüssigkeit zu Dir, ansonsten wird der Entschlackungsprozess gestört. Nach dem Saunieren sollte der Flüssigkeitsverlust dann aber schnell wieder ausgeglichen werden. Wasser oder Saftschorlen bieten sich an, auf keinen Fall Alkohol, das stört den Regenerationsprozess nachhaltig!

→ Vor dem Saunieren **gründlich duschen**!

→ Nach dem Saunieren die Haut nicht mit Pflegeprodukten behandeln.

→ Optimal sind **zwei bis drei Saunagänge von 8-15 Minuten**. Mehr Gänge erhöhen die gesundheitliche und regenerative Wirkung nicht, vergrößern aber die Ermüdung.

→ **Leg** Dich in der Sauna am besten **flach hin.** So befindet sich der gesamte Körper in einer Temperaturzone. Setz Dich etwa zwei Minuten vor Verlassen der Sauna hin, so dass der Kreislauf beim anschließenden Aufstehen nicht überfordert wird.

➡ Nach jedem Saunagang direkt **eiskalt abduschen**, und zwar von den Armen und Beinen hin zur Körpermitte!
Danach tut frische Luft gut.

➡ Zwischen den Saunagängen **10 bis 15 Minuten ruhen**.
Angenehm und gut für die Blutgefäße sind auch warme Fußbäder mit einer Temperatur um die 40 °C. Dadurch werden automatisch alle Blutgefäße in der Haut erweitert und ein angenehmes Wärmeempfinden stellt sich ein. Ein Wasserstand bis zu den Fußknöcheln reicht völlig aus. Höhere Wasserstände oder höhere Fußbadtemperaturen führen eher zu einer ungewollten Wärmeaufnahme.

➡ **Hygiene**: Achte darauf, dass Du in der Sauna komplett(!) **auf dem Handtuch** sitzt, bzw. liegst, und dass der Schweiß nicht auf das Holz tropft!

Kaltwasseranwendungen - Eisbad

Kalt- und Warmwasseranwendungen (Hydrotherapie) sind naturheilkundliche Methoden. Neben der Behandlung zahlreicher Beschwerden und Erkrankungen, setzt man die Methode unter anderem auch zur grundlegenden Stabilisierung von Körperfunktionen (Abhärtung), sowie zur Regeneration nach sportlichen Belastungen ein. Die Hydrotherapie bezieht ihre Wirksamkeit auf einen Temperaturreiz, der durch das Wasser ausgelöst wird. Man kann sowohl warmes, als auch kaltes Wasser einsetzen, auch in Kombination, zum Beispiel in Form von Wechselduschen. Als kalt gelten Anwendungen unter 33 °C, als warm alle über 38 °C.

Kaltwasseranwendungen sorgen für eine lokale Vasokonstriktion, oder etwas einfacher ausgedrückt, für ein zusammenziehen der Hautgefäße. Nach der Anwendung kommt es zur Vasodilation, einer Gefäßerweiterung, inklusive reaktiver Erwärmung. Das verbessert den Abtransport von Schlacken- und Stoffwechselendprodukten aus den Gefäßen.

Kaltwasseranwendungen haben im Gegensatz zu Warmwasseranwendung zusätzlich eine schmerzstillende und entzündungshemmende Wirkung. Das macht sie auch bei akuten Entzündungsprozessen als Behandlungsunterstützung interessant.

Wir unterstützen die Regeneration, indem wir die Muskulatur nach dem Training mit kaltem Wasser kühlen: Setz Dich kurz nach dem Training in die Badewanne, die mit Wasser einer Temperatur von etwa 6-15°C gefüllt ist. Es reicht, wenn die Beine bedeckt sind, so dass auch eine kleinere Wanne genutzt werden kann. Das Kaltwasser aus dem Wasserhahn kann man bei Bedarf mit

Eiswürfeln zusätzlich herunterkühlen. Der Oberkörper wird durch ein (trockenes) Shirt und eventuell eine Jacke warm gehalten.

Empfehlungen zur Dauer eines Eisbades schwanken. Die meisten Angaben bewegen sich jedoch um die fünf bis zehn Minuten. Alternativ werden auch teilweise 2 x 4 Min. praktiziert.

Ist Dir das Eisbad zu unangenehm, so kannst Du alternativ eine mildere Form des Kältebades anwenden: Einfach mit dem Duschschlauch (ohne Brausekopf) kaltes Wasser über die Beine laufen lassen. Achten darauf, dass das gekühlte Bein komplett mit einem deckenden Wassermantel umhüllt ist. Wechsel jeweils nach einigen Sekunden von einem zum anderen Bein.

Nach einem Eisbad sollte der Körper warm gehalten werden.

Wassergüsse nach Kneipp

Sebastian Kneipps Güsse werden seit über 100 Jahren mit großem Erfolg in Kur- und Badetherapiebetrieben angewendet. Sie bieten zahlreiche positive Wirkungen, die denen der bereits beschriebenen Kälteanwendungen ganz ähnlich sind.

Die Güsse können sowohl als reine Kaltwasseranwendungen, als auch als Wechselgüsse durchgeführt werden. Die Temperatur des warmen Wassers liegt bei etwa 38°C, die des kalten Wassers bei 10 bis 15°C.

Wechselgüsse verursachen während der Wärmeanwendung zunächst eine passive Gefäßerweiterung (Hyperämie), die von einer Senkung des Blutdruckes begleitet ist. Gleichzeitig verbessert sich die Blutzirkulation und damit wird auch der Wärmetransport gesteigert. Die anschließende Kälteanwendung ruft dann wieder die bereits beim Eisbad beschriebene Reaktion hervor. Somit stellen Wechselgüsse auch ein ideales Gefäßtraining dar und erhalten die Elastizität der Gefäßwände.

Das Wasser wird aus einem Schlauch mit dickem Wasserstrahl und unter möglichst geringem Druck auf den Körper geleitet. So ummantelt es die zu behandelnde Körperpartie gleichmäßig. Nimm während der Güsse eine möglichst lockere und entspannte Körperhaltung ein und achte auf eine gleichmäßige Atmung. Bei Wechselgüssen kombiniert man längere Warmwasserreize von etwa 30 bis 45 Sekunden mit kürzeren Kaltwasserphasen von fünf bis maximale zehn Sekunden. Den Abschluss der bildet immer die Kaltwasserphase.

Kneippgüsse eignen sich hervorragend für die Anwendung an trainingsfreien Tagen oder nach einer aktiven Regeneration.

Nachfolgend werden die für Sportler gebräuchlichsten Güsse beschrieben.

Knieguss

- → Nur bei warmen Füßen anwenden!

- → Beginnend am rechten Bein, wird der Wasserstrahl außen aufwärts bis über die Kniekehle geführt. Hier zwei bis drei Sekunden verweilen und dann innen abwärts führen. Dasselbe Prozedere auf der Beinvorderseite bis über das Knie durchführen.

- → Den Knieguss anschließend am linken Bein absolvieren.

- → Zum Abschluss die rechte und die linke Fußsohle abgießen.

- → Für Wiedererwärmung sorgen.

Schenkelguss

- → Nur bei warmen Füßen anwenden

- → Beginnend am rechten Bein, wird der Wasserstrahl außen aufwärts bis über den Beckenkamm (hier zwei bis drei Sekunden verweilen) und innen über die Leistenbeuge wieder abwärts geführt.

- → Anschließend den Schenkelguss am linken Bein durchführen.

- → Zum Abschluss die rechte und die linke Fußsohle abgießen.

- → Für Wiedererwärmung sorgen.

Armguss

- → Den Arm seitlich über die Badewanne hängen. An der rechten Hand außen beginnen, bis über die Schulter hoch gießen, etwas verweilen, innen zurückgehen.

- Dasselbe am linken Arm durchführen und 1-3 Mal wiederholen.

- Für Gesunde kann als Reizsteigerung zusätzlich die Brust achterförmig umgossen werden.

- Nicht abtrocknen, Wasser nur abstreifen.

- Für Wiedererwärmung sorgen.

Wassertreten

- Die Badewanne oder eine Plastikwanne bis eine Handbreit unter die Kniekehle mit kaltem Leitungswasser füllen.

- Anschließend ins Wasser stellen und auf der Stelle treten. Bei jedem Schritt wird - wie im Storchengang - ein Bein komplett aus dem Wasser herausgezogen und dabei die Fußspitze etwas nach unten gebeugt.

- Nach dem Wassertreten streift man das Wasser mit den Händen von den Beinen und erzeugt durch Fußgymnastik oder Gehen ein angenehmes Wärmegefühl.

Basische Anwendungen

Ein gesunder Körper hat einen möglichst ausgeglichenen, neutralen pH-Wert. Im Körper bilden sich durch Stoffwechselvorgänge teilweise große Mengen an Säuren. Ein deutlicher Säureüberschuß entsteht vor allem beim Abbau von tierischem Eiweiß. Aber auch der reichliche Verzehr zuckerhaltiger Speisen und Getränke leistet seinen Beitrag.

Aber nicht nur die Ernährung hat großen Einfluss. Der pH-Wert wird außerdem durch Stress, körperliche Anstrengung, Medikamente und zahlreiche Umwelteinflüsse nachhaltig in Richtung sauer verschoben. Ist der Körper „übersäuert", versucht er sich zu schützen und diesen Wert zu neutralisieren. Die Säuren werden dann dort abgelagert, wo sie den geringsten Schaden anrichten können. Das ist vor allem das Bindegewebe. Die Folgen für die körperliche Leistungsfähigkeit können drastisch ausfallen:

➡ Das Bindegewebe verliert seine Fähigkeit, Wasser zu binden und wird undurchlässig und unelastisch.

➡ Das verschlechtert die Ver-/ Entsorgung von Stoffwechselprodukten.

➡ Säuren und Schlackenstoffe stauen sich.

➡ Die Sauerstoffaufnahme ist verschlechtert.

➡ Das Endresultat: Leistungsverlust!

Mangelernährung und verstopfte Zellen können außerdem zahlreiche chronische Erkrankungen auslösen. Viele „unspezifische" Krankheiten, wie beispielsweise Kopfschmerzen, Allergien, Schuppenflechte, sowie weitere bestehende Krankheiten können sich teilweise dramatisch verschlimmern. In unserer zivilisierten Industriegesellschaft, mit all ihren Begleiterscheinungen, herrscht bei den meisten Menschen eine Tendenz zur Übersäuerung des Organismus. Viele Mediziner und Ernährungsexperten gehen gar davon aus, dass hierzulande etwa 80 Prozent der Bevölkerung an chronischer Übersäuerung leiden.

Ein zusätzliches Problem, das vor allem Leistungssportler in Kraft- und stark anaerob ausgerichteten Sportarten betrifft, ist die im Training und Wettkampf anfallende Milchsäure. Um den Blut-pH-Wert nicht zu weit absinken zu lassen, wird sie im Bindegewebe aufgenommen. Der Körper benötigt Mineralien um die angefallenen Säuren zu neutralisieren. Werden ihm diese nicht durch die Nahrung zugeführt, so zapft er seine eigenen Speicher in Haut, Zähnen, Knochen, Knorpel und Blutgefäßen an. Mit den beschriebenen negativen Auswirkungen.

Ziel ist es daher, den Organismus im Gleichgewicht zu halten. Das bedeutet, dass sich der Blut-pH-Wert in einem Bereich von 7,35 bis 7,45 befinden sollte. In den meisten Körperzellen sollte er bei etwa 7 liegen. PH-Werte unter 7 sind sauer, pH-Werte darüber sind basisch. Bedingt durch die Nahrungsaufnahme und unseren Biorhythmus schwankt der Wert im Laufe des Tages. Morgens sollte er zwischen 6,2 und 6,8 liegen, mittags zwischen 7 und 7,5 und am Abend zwischen 6,8 und 7,4. Bestimmen lässt sich der Wert ganz einfach über einen Teststreifen zur pH-Bestimmung im Urin. Am Besten misst man eine Woche lang jeden Morgen, Mittag und Abend und bildet den Mittelwert über alle Messungen. Ist der Wert unter einem ph-Wert von 6,8-7,0, so deutet dies auf eine Übersäuerung des Körpers hin.

Um anfallende Säuren im Körper zu neutralisieren, sollte man generell auf ein ausreichendes Angebot an basenbildenden Nahrungsmitteln achten. Gerade in Phasen hoher Trainingsbelastung ist das besonders wichtig! Zahlreiche Experten empfehlen ein Verhältnis von 1:4 von säurebildenden zu basenbildenden Nahrungsmitteln. Die nachfolgende Tabelle gibt einen Überblick über die Wirkung unterschiedlicher Nahrungsmittel.

Sauer wirkende Nahrungsmittel	Basische Nahrungsmittel
– Wurst, Fleisch, Fisch – Milch- und Milchprodukte – Eier – Zucker – Weißmehlprodukte – Kaffee, Alkohol, schwarzer Tee	– Obst – Gemüse – Salat – Kürbiskerne, Mandeln – Kartoffeln – Champignon, Steinpilze – grüne Bohnen

Tab.: Säure- und basenbildende Nahrungsmittel

Nach dem Sport unterstützt ein basisches Bad, dass das Gleichgewicht im Säure-Basen-Haushalt schnell wieder hergestellt wird. Durch das Bad werden überschüssige Säuren über die Haut ausgeschieden. Auch ein Muskelkater soll vermindert werden. Zahlreiche Sportler schwören auf die positiven Effekte. Jentschura beschreibt nach intensiver sportlicher Belastung folgende Effekt:

➡ Ohne besondere Maßnahmen dauert es nach sportlicher Belastung 6 Stunden bis der pH-Wert von 4,4 auf 6,9 angestiegen ist.

- → Durch Unterstützung eines basischen Vollbades kann die Zeit halbiert werden.

- → Durch präventive Gabe basenbildender Mineralien verstreichen 2 Stunden bis der pH-Wert von jetzt 5,5 auf 6,9 angestiegen ist.

- → Durch Gabe von Mineralien und anschließendem basischem Bad dauerte die Entsäuerung des Körpers nur noch eine Stunde.

Entsäuerung von Innen

Basische Ernährung hat das Ziel, dass im Körper möglichst wenig Säuren gebildet werden. Im Gegensatz dazu, geht es bei der Zufuhr von Mineralstoff-Präparaten darum, den Organismus von innen zu entsäuern und wieder zu remineralisieren. Es gibt einige Präparate auf dem Markt, die die Säuren binden. Ein regelmäßig durchgeführter pH-Test kann über die Wirksamkeit der Maßnahme Auskunft geben. Die Wirkung der Einnahme unmittelbar vor intensiven körperlichen Belastungen wurde bereits angesprochen.

Entsäuerung von außen

Die Haut ist das größte Säure-Ausscheidungsorgan unseres Körpers. Das kann man über ein basisches Bad nutzen. Über Haut und umgebender Flüssigkeit findet über Osmose ein Austausch statt. Das erkennt man daran, dass ein basisches Vollbad mit einem Ausgangs-pH-Wert von 8,5 nach dem Bad lediglich noch einen schwach basischen Wert hat. Da die Entsäuerung des Körpers erst nach etwa 30 Minuten wirklich beginnt, sollten basische Bäder mindestens über 45 Minuten, besser 60 Minuten durchgeführt werden.

Vollbad

Für ein Vollbad füllt man die Badewanne mit ca. 37-40°C warmem Wasser und fügt 3 Esslöffel Natriumbikarbonat oder anderes basisches Salz hinzu. Das ergibt in etwa einen basischen Ausgangs-pH-Wert von 8,5.

Leg Dich für 45-60 Minuten in die Badewanne. Nach dem Bad solltest Du Dich weder stark abtrocknen, vor allem aber nicht eincremen. Ein übergeworfenes Handtuch oder besser Bademantel reicht zum trocknen völlig aus.

Fußbad

Säuren und Schlacken werden verstärkt über Füße sowie Unterschenkel abgegeben. Ein Esslöffel Natriumbikarbonat oder Basensalz reicht hier für die geringere Wassermenge aus. Der Ablauf entspricht dem des Vollbades.

Kompressionsbekleidung

Kompressionsbekleidung ist in den letzten Jahren stark in „Mode" gekommen. Vor allem Kompressionsstrümpfe sind bei Ausdauersportlern sehr beliebt, aber auch Vertreter der Kraft-, Schnellkraft- und Schnelligkeitssportarten setzen in der Zwischenzeit vermehrt darauf. Einerseits um Kraft- und Ausdauer zu steigern, andererseits aber auch um die Regeneration zu unterstützen.

Im klinischen Einsatz haben sich Kompressionsstrümpfe bei liegenden und inaktiven Personen bewährt. Auch auf längeren Flugreisen greifen viele darauf zurück. Denn das lange sitzen bringt auch hier Probleme mit dem reibungslosen Bluttransport mit sich. Durch die Kompressionsstrümpfe wird die Fließeigenschaft im Venensystem verbessert, das sorgt für einen geringeren venösen Rückstau und damit einem höheren Blutrückfluss zum Herzen. Das beugt einer drohenden Thrombose vor. Die beschriebenen Effekte machen die Strümpfe aber auch für Sportler interessant.

Wie wirkt die Kompression und auf was ist dabei zu beachten?

Durch den Druck, den die Bekleidung am Körper ausübt, soll die Durchblutung der Muskulatur, sowie des umgebenden Bindegewebes verbessert werden. Mechanischer Druck durch Kompressionsbekleidung bewirkt eine Volumenverteilung vom oberflächlichen ins tiefe Venensystem und damit eine erhöhte Fließgeschwindigkeit. Das unterstützt den Abbau von Stoffwechselprodukten sowie die Sauerstoffversorgung in der Muskulatur. Die Kompressionsbekleidung wirkt aber nur dann, wenn deren Druckverteilung den anatomischen Vorgaben des Athleten angepasst ist. Für Strümpfe bedeutet das zum Beispiel, dass die Kompression im Fußfesselbereich am stärksten ausfallen sollte und über die Wade nach oben zum Knie und Oberschenkel hin kontinuierlich abnimmt. Ein Maß für den richtigen Druck ist wissenschaftlich nicht eindeutig geklärt, momentan geht man etwa von 20-30 mmHg an der Fußfessel als „optimal" aus.

Neben Kompressionssocken gibt es mittlerweile auch Tights, Shorts und sogar Ganzkörperanzüge mit Kompressionseffekt. Bezüglich Wirksamkeit zeigen Studienergebnisse teils widersprüchliche Ergebnisse. Man kann momentan dennoch davon ausgehen, dass Kompressionsbekleidung positive Effekte auf die Reduktion von Muskelschmerzen und -schwellungen hat und verschiedene Regenerations- und Belastungsmarker im Blut positiv beeinflusst werden. Es gibt Hinweise darauf, dass der Blutlaktatabbau beschleunigt wird und das Kraftniveau nach Belastungen schneller wieder angehoben werden kann. Letztendlich sollte es der Athlet ausprobieren und selbst entscheiden ob er eine positive Wirkung verspürt.

Psychische Regeneration

In den Bereich der psychischen Regeneration fallen alle Entspannungstechniken, die dazu dienen, abseits von Trainings- und Wettkampfbelastungen eine psychophysische Erholung und geistige Frische zu erreichen. Sie sind für den Stressabbau optimal und gewährleisten die nötige Balance zwischen Be- und Entlastungsphasen. Dabei geht es nicht ausschließlich um trainingsbedingten Stress, sondern auch um die Erholung vom Alltag, also von Beruf, Schule, Familie, usw..

Für Sportler sind vor allem das Autogene Training, die Progressive Muskelentspannung, sowie diverse naive Entspannungstechniken sehr gut geeignet. Sie sind einfach zu erlernen und können ohne großen Aufwand durchgeführt werden.

Alle Entspannungsverfahren sind übende Verfahren. Für eine kurzfristige, allgemeine Entspannung reichen meist einige wenige Sitzungen in konzentrierter Ruheposition. Um sie in Alltagssituationen durch Vorstellung, oder innere Aufforderung, „automatisiert" verfügbar zu machen, erfordert es viele Trainingssitzungen und geduldiges Üben.

Prinzipien der Entspannung

Um Entspannungsverfahren erfolgreich einzusetzen, gilt es einige Prinzipien zu beachten:

- ⟶ **Umschaltung:** Um die Entspannung einzuleiten, muss man sich von anderen Tätigkeiten und Aufgaben loslösen können und auf Entspannung „umschalten". Dazu muss auch die Bereitschaft vorhanden sein.

- ⟶ **Ruhigstellung:** Wesentliches Ziel aller Entspannungsverfahren ist eine Senkung des Muskeltonus. Vor allem zur psychophysischen Regeneration nach Trainings- und Wettkampfbelastungen ist dies ein wichtiges Prinzip.

- ⟶ **Konzentration:** Durch eine selektive Wahrnehmungslenkung wird eine Fokussierung erreicht. Beim Erlernen von Entspannungsverfahren ist das zunächst mit einer Willensanstrengung verbunden, später bringt die Konzentration die Entspannung mit sich.

- ⟶ **Introspektion:** Zur Einleitung und Durchführung von Entspannungsverfahren ist eine Selbstbeobachtung nötig. Durch Übung entwickelt sich ein „Muskelsinn" und eine Sensibilität für viszerale Vorgänge (Atmung, Pulsschlag, Blutdruck, Schweißdrüsenaktivität, Magen-Darmaktivität).

- ⟶ **Imagination:** Jede Entspannung wird von Vorstellungen eingeleitet und begleitet.

Effekte von Entspannungsverfahren

Entspannungsverfahren wirken sich sowohl auf physiologische, als auch auf psychische Körperfunktionen aus. Dies sind vor allem:

- **Muskuläre Effekte:** In der Entspannung senkt sich generell der Tonus (Spannung) der Skelettmuskulatur.

- **Kardiovaskuläre Effekte:** In der Entspannung erreichen wir eine periphere Gefäßerweiterung, Herzschlagfrequenz sowie Blutdruck sinken.

- **Effekte auf die Atmung:** Zunahme der Bauchatmung gegenüber der Brustatmung, Verlängerung der Atmungsphasen.

- **Hautveränderungen:** Verringerung der Schweißdrüsenaktivität.

- **Hirnströme:** Charakteristisch für die Entspannung sind Alpha- und Theta-Wellen, die entweder den Übergangszustand zwischen Wachsein und Einschlafen, oder eine starke Aufmerksamkeitsfokussierung, anzeigen.

- **Aktuelle Befindlichkeit:** Entspannung verbessert das aktuelle, subjektive Wohlbefinden, es reduziert die Beanspruchungen, regeneriert die psychische Leistungsfähigkeit, harmonisiert die Emotionen und schafft neue Motivation.

- **Kompetenzerweiterung:** Die Fähigkeiten zur Umschaltung auf Entspannung, Konzentration, Imagination und Introspektion werden systematisch eingeübt und weiterentwickelt.

→ **Kontrollüberzeugung und Kompetenzerwartung:** Beim Erlernen von Entspannungsverfahren machen Menschen die Erfahrung, dass sie Kontrolle über Körperfunktionen ausüben können, die sie bisher für nicht beeinflussbar hielten. Sie erleben, dass sie selbst aktiv ihren subjektiven Zustand verbessern und so auch die objektiven Anforderungen besser bewältigen können. Man spricht in diesem Zusammenhang von der „internalen Kontrollüberzeugung": Die Auffassung, dass jemand sein Leben selbst in der Hand hat.

Naive Entspannungstechniken

Naive Entspannungstechniken sind vor allem ausgleichende Tätigkeiten im Alltag: Aktivitäten wie Lesen, Musik hören oder spazieren gehen. Sie können jederzeit „eingeschoben" werden.

Viele der Techniken bauen auch auf eine ruhige, bewusste und tiefe Atmung auf. Eine tiefe Nasenatmung mit betonter Ausatmung hat viele Vorteile, sie reguliert unser Erregungsniveau und senkt Puls und Blutdruck.

Nachfolgend einige einfach Maßnahmen. Regelmäßig in den Alltag eingestreut, helfen sie dabei, das persönlich Stresslevel niedrig zu halten und den Körper in seiner Regeneration zu unterstützen.

Entspannungsatmung

In entspannter Haltung und Ruhe lenkst Du Deine Aufmerksamkeit auf die Atmung, jedoch ohne diese dabei zu beeinflussen. Nach einigen Minuten wird die Ausatmung deutlich vertieft und verlängert. Die Konzentration wird auf die Ausatmung gelenkt. Sie ist länger als die Phase des Einatmens.

Ruf die Vorstellung hervor: „ich sinke in den Boden". Spüre das eintretende Gefühl der Schwere und genieße es.

Psychohygiene-Training

In entspannter Körperhaltung schickst Du Deine Gedanken auf eine Körperreise. Die Augen sind geschlossen, die Atmung ruhig, die Ausatmung etwas verlängert.

Bei jedem Körperteil verweilst Du 10 bis 20 Sekunden und erspürst diesen. Du konzentrierst Dich in der gedanklichen Vorstellung vor allem auf ein Wärme- und Schweregefühl im betreffenden Körperteil.

Die Körperreise beginnt mit einem Fuß, danach folgen Waden, Knie, Oberschenkel und Hüfte. Anschließend arbeitet man das zweite Bein durch. Es folgen die Arme und der Rumpf, bis man abschließend an der Stirn angelangt ist.

Zentrieren

In bequemer Rückenposition die Augen schließen. Konzentriere Dich ganz auf die Körpermitte, d.h. den Punkt circa einen Zentimeter über dem Bauchnabel. Drück die Bauchdecke beim tiefen Einatmen nach außen. Beim Ausatmen die lässt Du sie zurückfallen. Langsam stellt sich das Gefühl ein, auf die Körpermitte zentriert zu sein.

Entspannung durch Musik

Musik kann eine entspannende Wirkung hervorrufen. Lass Deine Gedanken los und schalte ab. Konzentriere Dich nicht auf einen einzelnen Gedanken, sondern lass Dich von der Musik „verführen". Lass die Gedanken weiter abschweifen, versuch auch Gerüche und Empfindungen intensiv wahrzunehmen.

Progressive Muskelentspannung nach Jacobson

Die Progressive Muskelentspannung nach Jacobson ist durch wissenschaftliche Studien bestens untersucht. Es ist eines der überzeugendsten Entspannungsverfahren überhaupt. Ein großer Pluspunkt ist der, dass es relativ leicht zu erlernen ist und quasi überall durchgeführt werden kann. Das macht es für den Erhaltung der Leistungsfähigkeit so interessant.

Das bewusste Spüren von Spannung und Entspannung einzelner Muskelgruppen hilft, den Körper gewissermaßen „herunterzufahren" und Stress abzubauen. Meist wird bereits nach den ersten Übungen eine tiefe Entspannung wahrgenommen.

Innere Unruhe, Stress und Angst, gehen mit einer Anspannungen der Muskulatur einher. Ein Mensch der innerlich angespannt und ängstlich ist, ist meist auch muskulär verspannt. Umgekehrt geht eine Lockerung der Muskulatur in aller Regel mit einem allgemeinen Ruhegefühl einher. Die Psyche wirkt auf den Körper, der Körper auf die Psyche. So können körperliche Veränderungen auch Änderungen im psychischen Befinden hervorrufen und umgekehrt. Diesen Zusammenhang macht sich die Progressive Muskelentspannung zu Nutze.

Durchführung

Nimm eine entspannte Körperposition ein. Dies kann eine sitzende oder auch eine liegende (Rückenlage) sein.

Lenke Deine Aufmerksamkeit auf eine bestimmte Muskelgruppe. Diese wird dann für etwa 5 – 10 Sekunden angespannt und die auftretende Empfindung möglichst exakt wahrgenommen. Die Anspannung sollte gut tun und keinesfalls übertrieben werden. In der darauf folgenden Entspannungsphase wird die Aufmerksamkeit dann auf die auftretende Empfindung gelegt. Die Entspannung beträgt etwa 30 Sekunden, danach geht es zur nächsten Muskelgruppe weiter. Die werden nacheinander in das Training einbezogen.

Nach Bernstein und Borkovec werden insgesamt 16 Muskelgruppen in vorgegebenen Reihenfolge zunächst ange- und anschließend wieder entspannt:

- Dominante Hand und Unterarm
- Dominanter Oberarm
- Nicht-dominante Hand und Unterarm
- Nicht-dominanter Oberarm
- Stirn
- Obere Wangenpartie und Nase
- Untere Wangenpartie und Kiefer
- Nacken und Hals

- Brust, Schulter und obere Rückenpartie
- Bauchmuskulatur
- Dominanter Oberschenkel
- Dominanter Unterschenkel
- Dominanter Fuß
- Nicht-dominanter Oberschenkel
- Nicht-dominanter Unterschenkel
- Nicht-dominanter Fuß

Die Entspannung der Muskulatur ruft auch eine gleichsinnige Wirkung auf die Gehirnaktivität und andere körperliche Funktionsbereiche hervor, so dass wir einen generellen körperlich-psychischen Entspannungszustand erreichen.

Die Progressive Muskelentspannung nach Jacobson trainiert auch die so genannte differentielle Entspannung. Darunter versteht man eine möglichst geringe Muskelspannung innerhalb einer aktiven Muskelgruppe. Durch ein längerfristiges Training kann man diese differentielle Entspannung verbessern. Das ermöglicht einen ökonomischen Umgang mit persönlicher Energie. Dadurch erreichen wir eine hohe Leistungsfähigkeit und vermeiden gleichzeitig Überforderungen. Diese Fähigkeit zur „lockeren" Leistung macht die Progressive Muskelentspannung für Sportler so interessant. Auch für die Erschließung neuer Leistungsreserven!

Autogenes Training

Beim Autogenen Training handelt es sich um eine konzentrative Methode. Die Entspannung wird durch Autosuggestion (Selbstinstruktion) herbeiführt.

Autogenes Training kann dabei helfen, eine gelassene Grundhaltung zu erlangen und zu stärken, die einen mit belastenden Situationen entspannter umgehen lässt.

Wir lernen eine willentliche, positive Beeinflussung des vegetativen Nervensystems. Bis sich die Vorsatzformulierungen einprägen, benötigt es etwas Übung. Aber dann kann sich ihre entspannende Wirkung voll entfalten. Ist das Autogene Training erst einmal systematisch eingeübt, lässt sich die erlernte Entspannungsreaktion vielfältig einsetzen. Nicht nur zur Vorbereitung auf schwierige Situationen und Reduktion genereller Überspannungen. Auch in akuten Belastungssituationen kann sie erfolgreich angewendet werden. Zudem steigert das Autogene Training die Lebensqualität und die Genussfähigkeit.

Die vorgestellte Methode ist lediglich eine Grundstufe des Autogenen Trainings, die für Sportler normalerweise schon zu sehr guten Ergebnissen führt. Für weitere Informationen sei an dieser Stelle auf Spezialliteratur verwiesen.

Durchführung

Setz oder leg Dich ruhig und entspannt hin, schließ Deine Augen. Sag zu Dir selbst: „Ich bin ganz ruhig und entspannt". Wiederhole diese Selbstinstruktion drei Mal.

Jetzt führst Du nacheinander die einzelnen Übungen des Autogenen Trainings durch. Mach die Selbstinstruktionen je drei bis sechs Mal und konzentriere Dich auf die Empfindungen.

Übung	Selbstinstruktion	Wirkung
Ruhetönung	Ich bin ganz ruhig und entspannt	Allgemeine Entspannung
Schwereübung 1	Mein linker/rechter Arm ist ganz schwer	Entspannung der Armmuskulatur
Wärmeübung 1	Mein linker/rechter Arm ist ganz warm	Entspannung der Armmuskulatur
Zwischenformel	Ich bin ganz ruhig und entspannt	Allgemeine Entspannung
Schwereübung 2	Mein linkes/rechtes Bein ist ganz schwer	Entspannung der Beinmuskulatur
Wärmeübung 2	Mein linkes/rechtes Bein ist ganz warm	Entspannung der Beinmuskulatur
Zwischenformel	Ich bin ganz ruhig und entspannt	Allgemeine Entspannung
Sonnengeflecht	Es strahlt warm aus meiner Mitte. Mein Herz schlägt ruhig und gleichmäßig. Ich atme tief.	Entspannung Atemmuskulatur, Beruhigung des Herzschlages
Stirnübung	Meine Stirn ist angenehm kühl	Angenehme Frische im entspannten Gesamtzustand
Rücknahme	Arme fest, Faust geschlossen, Augen auf!	Rückkehr in den echten Wachzustand

Tab.: Übungen und zugehörige Selbstinstruktionen des Autogenen Trainings

Anhang

Literatur & Internet

Literatur

Anderten/Pels/Raven/Kleinert: Bedeutung der Befindlichkeit zur Regenerationssteuerung. In: Leistungssport 5/2014. phillipka- Sportverlag; Münster 2014

Andrä/Bleuel/Pfitzer: Funktionelles Faszientraining mit der Blackroll. Riva-Verlag; München 2015

Arndt, Klaus: Leistungssteigerung durch Aminosäuren; 8. Auflage. Novagenics Verlag; Arnsberg 1999

Arndt, Klaus; Albers, Torsten: Handbuch Protein und Aminosäuren; 2.Auflage. Novagenics Verlag; Arnsberg 2004

Bauhaus/Andrian-Werburg/Braun: Ernährungsstrategie für Langstreckenläufer. In: leichtathletiktraining 6/2019; philippka Sportverlag; Münster 2019

Bernsetin/Borcovec: Entspannungstraining.Klett-Cotta-Verlag; Stuttgart 2007

Biesalski, Hans Konrad; Grimm, Peter: Taschenatlas Ernährung; 3. Auflage. Thieme Verlag; Stuttgart 2004

Bogdanski, Jennifer: Treibstoff für den Athleten. In leichtathletik training 9/2005; philippka Sportverlag; Münster 2005

Bossmann, Thomas: Übertrainingsforschung – ein problemorientierter Rück- und Ausblick. In:

Leistungssport 6/2012. phillipka- Sportverlag; Münster 2012

Bossmann, Thomas: Ermüdung – Erkenntnisse und Schlußfolgerungen. In: Leistungssport 5/2014. phillipka- Sportverlag; Münster 2014

Boyle, Michael: Functional Training: Das Erfolgsprogramm der Spitzen-sportler; riva Verlag, München 2010

Boyle, Michael: Fortschritte im Functional Training; viva Verlag, München 2011

Cordain, Loren, Friel Joe: Das Paläo-Prinzip der gesunden Ernährung im Ausdauersport. Sportwelt Verlag; Betzenstein 2009

Degner, Philipp: Mehr Power. In: Rennrad 7/2018; BVA Bike Media AG, 2018

Eilers/Wetjen: Der schmale Grat. In: Triathlon 8/2018. spomedis-verlag, Hamburg 2018

Faude, Oliver / Meyer Tim: Regeneration im Leistungssport. In: Leistungssport 3/2012. phillipka- Sportverlag; Münster 2012

Feil, Wolfgang: Die F-AS-T Formel. Forschungsgruppe Dr. Feil; Tübingen 2015

Freese, Jens: Medizinische Fitness; Deutscher Trainer Verlag; Köln 2006

Freiwald, Jürgen: Optimales Dehnen; spitta Verlag; Balingen 2009

Freiwald/Engelhardt/Konrad/Jäger/Gnewuch: Dehnen. In: Manuelle Medizin. Springer Verlag; Berlin 1999

Friedrich, Wolfgang: Optimale Regeneration im Sport; spitta Verlag, Balingen 2011

Fröhlich/Müller/Schmidtbleicher/Emrich: Outcome-Effekte verschiedener Periodisier-ungsmodelle im Krafttraining. In: Deutsche Zeitschrift für Sportmedizin 10/2009

Fröhlich/Schmidtbleicher/Emrich: Belastungssteuerung im Muskelaufbautraining. In: Deutsche Zeitschrift für Sportmedizin 3/2002

Gambetta, Vern: Athletic Developement; Human Kinetics; Champaign, USA 2007

Graumann/Walter/Krapf: Regeneration: Jeden Tag erholt, ausgeschlafen und erfolgreich; riva-Verlag, München 2019

Güllich, Dr. Arne: Sport. Das Lehrbuch für das Sportstudium. Springer Verlag; Berlin 2013

Haber: Leitfaden zur medizinischen Trainingsberatung. Springer Verlag; Wien 2001

Hamm, Michael; Scholz Andreas: Musclefood. midena Verlag; München 2002

Hottenrott: Herzfrequenzvariabilität im Sport. Feldhaus-Verlag; Hamburg 2002

Hottenrott, K & Gronwald T.: Bedeutung der Herzfrequenzvariabilität für die Regenerations-steuerung. In: Leistungssport 5/2014. phillipka- Sportverlag; Münster 2014

Hottenrott, K & Neumann, G.: Trainingswissenschaft. Meyer & Meyer Verlag; Aachen 2010

Issurin, Vladimir: Block Periodization. UAC Verlag; Michigan, USA 2008

Issurin, Vladimir; Lustig, Gilad: Zusammenstellung von Trainingseinheiten gemäß dem Konzept der Blockperiodisierung. In: Leistungssport 3/2007. phillipka- Sportverlag; Münster 2007

Jentschura, Peter; Lohkämper, Josef: Gesundheit durch Entschlackung; Jentschura-Verlag, Münster 2010

Krüger, Arnd: Übertraining – Was ist das?. In: Leistungssport 5/2014. phillipka- Sportverlag; Münster 2014

Lukas, Christoph: Faszienbehandlung mit der Blackroll. BoD-Verlag; Norderstedt 2012

Marees, Horst de: Sportphysiologie.Sportverlag Strauß, Nochum 2003

Marquart: Die Laufbibel; spomedis Verlag, Hamburg 2012

McGuigan, Mike: Monitoring Training and Performance in Athletes. Human Kinetics Verlag, Champaign, IL 2017

Möller, Thomas: Leistung & Training im Triathlon. Schriftenreihe für angewandte Trainingswissenschaft (IAT). Leipzig 2015

Neumann/Pfützner/Hottenrott: Das große Buch vom Triathlon. Meyer & Meyer Verlag; Aachen 2004

Neumann, Pfützner, Berbalk: Optimiertes Ausdauertraining; Meyer & Meyer Verlag; Aachen 2007

Neuman, Georg: Physiologische Grundlagen von Spitzenleistungen. 26. Internationales Triathlon Symposium Niedernberg. Feldhaus-Verlag, Hamburg 2012

Noaks,T.D.: Physiological Models to understand exercise fatigue and the adaptions that predict or enhance athletic performance. Scandinavian Journal of Medicine and Science in Sports, 10(3) / 2000

Opoku-Afari, Clifford; Worm, Nicolai, Lemberger, Heike: Mehr vom Sport! Systemed Verlag; Lünen 2009

Platonov, Vladimir: Belastung-Ermüdung-Leistung; philippka Sportverlag; Münster 1999

Price, Justin; Sharp Frances: Functional Training Illustrated; Alpha Books; New York, USA 2009

Prinzhausen, Jan; Herget, Martina: Das Prinzhausen-Prinzip. KVM Verlag; Marburg 2009

Rauscher, Philipp: das Logisch-Ernähren-Body-System. BoD-Verlag; Norderstedt 2009

Regeneration spezial. In: tour 8/2012; Redaktion tour, München 2012

Ribbecke, Thorsten: Regenerationsstrategien; Richard Pflaum Verlag, München 2018

Schek, Alexandra: Top-Leistung im Sport durch bedürfnisgerechte Ernährung. philippka Sportverlag; Münster 2002

Schmidt, Lisa: Füße hoch! In: triathlon 7/2011; Spomedis-Verlag, Hamburg 2011

Schnabel/Harre/Krug/Borde: Trainingswissenschaft: Leistung-Training-Wettkampf. Sportverlag, Berlin 2003

Schneider, Franz J: Schlaf – der ruhige Weg zum sportlichen Erfolg. In: Leistungssport 5/2014. phillipka- Sportverlag; Münster 2014

Spork, Peter: Das Schlafbuch. Rowohlt Verlag, Reinbek 2019

Vance, Jim: Wattmessung für Läufer. Spomedis-Verlag; Hamburg 2016

Van Dijk/Van Megen: Das Geheimnis des Laufens. Meyer&Meyer Verlag, Aachen 2017

Valk, Raymond: Gezielte Regeneration als Leistungsförderer. In: Leistungssport 3/2012. phillipka- Sportverlag; Münster 2012

Wacker/Wacker: 300 Fragen zur Säure-Basden-Balance. Gräfe und Unzer Verlag; München 2008

Weineck, J: Optimales Training. Spitta-Verlag, Balingen 2010

Wisse/Pannekoek/van der Stelt: Eat Like an athlete. Meyer&Meyer Verlag; Aachen 2019

Tschiene, Peter: Ermüdung und Wiederherstellung bei anstrengender Muskelarbeit. In: Leistungssport 5/2014. phillipka- Sportverlag; Münster 2014

Zintl/Eisenhut: Ausdauertraining. BLV-Verlag; München 2005

Internet

http://www.dissertationen.de

http://www.dr-feil.com/sport/leistungsfortschritt-eiweiss-und-aminosaurenaufnahme.html

http://www.entsaeuern-entschlacken.com

http://kneipp.de

http://www.leistungssport.net

http://www.medicalsportsnetwork.de

http://www.physiovital.de

http://www.sfsn.ethz.ch

http://www.shpl.ch

http://spomo.de

http://www.sponet.de

http://www.sportsandscience.de/

http://www.sport-und-training.de

http://www.triathlon-szene.de

http://tri-mag.de/service/wissenschaft/regeneration-durch-druck-10411.html

http://zeitschrift-sportmedizin.de

Über den Autor

Stefan Schurr ist seit zwei Jahrzehnten als ausgebildeter Leichtathletik- und Triathlontrainer tätig. Er betreut Athleten unterschiedlicher Leistungsklassen und kann selbst auf eine lange sportliche Kariere zurückblicken. Als erfolgreicher Ironman-Triathlet weiß er von was er spricht.

Er hat bereits zahlreiche Artikel und Bücher über Trainingsplanung und -gestaltung sowie Wettkampfdurchführung veröffentlicht.

weitere Bücher auf amazon:

Polarisiertes Training im Ausdauersport

Leistungsdiagnostik im Ausdauersport

Trainings- und Regenerationsmonitoring im Ausdauersport: Analyse und Steuerung der sportlichen Leistung

SUB 10: Langdistanz - Triathlon für ambitionierte Athleten

Trainingsplanung & -steuerung im Ausdauersport: Block- & klassische Periodisierung als alternative Planungsmodelle ?!